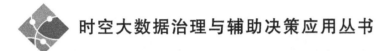

时空大数据治理与辅助决策应用丛书

政务信息资源主题化应用服务技术与实践

石丽红　刘晓东　张福浩
周宇辰　余承霖　漆司翰　著

北京邮电大学出版社
www.buptpress.com

内 容 简 介

本书主要探讨了政务信息资源主题化应用服务构建的技术和工具的现状。从政府宏观决策对政务信息资源主题化应用服务的需求出发，介绍了我国政务信息资源建设和国内外主题化应用服务的现状，探讨了主题化应用服务专题构建的原则和流程，着重介绍了政务信息资源主题化应用服务专题构建技术和工具，之后通过实际应用案例进行了政务信息资源主题化应用服务专题构建展示，最后通过概括和总结对政务信息资源主题化应用服务构建的未来发展提出了建议。

图书在版编目(CIP)数据

政务信息资源主题化应用服务技术与实践 / 石丽红等著 . - - 北京：北京邮电大学出版社，2024.6
ISBN 978-7-5635-7239-7

Ⅰ.①政… Ⅱ.①石… Ⅲ.①电子政务—信息管理—研究 Ⅳ.①D035.1-39

中国国家版本馆 CIP 数据核字(2024)第 107583 号

策划编辑：姚顺　陶恒　　责任编辑：姚顺　陶恒　　责任校对：张会良　　封面设计：七星博纳

出版发行：北京邮电大学出版社
社　　址：北京市海淀区西土城路 10 号
邮政编码：100876
发 行 部：电话 010-62282185　传真 010-62283578
E-mail：publish@bupt.edu.cn
经　　销：各地新华书店
印　　刷：河北虎彩印刷有限公司
开　　本：720 mm×1 000 mm　1/16
印　　张：13.5
字　　数：193 千字
版　　次：2024 年 6 月第 1 版
印　　次：2024 年 6 月第 1 次印刷

ISBN 978-7-5635-7239-7　　　　　　　　　　　　　　　定　价：58.00 元

・如有印装质量问题，请与北京邮电大学出版社发行部联系・

时空大数据治理与辅助决策应用丛书

编委会

主　任　张福浩

委　员　石丽红　仇阿根　刘晓东　陶坤旺
　　　　何望君　赵阳阳　赵习枝

前　言

随着大数据时代的到来，以及各级各类政府信息化、数字化进程的推进，数据、信息已成为政府决策不可或缺的依据。各级政府可获得的数据资源呈爆炸式增长，充分利用现代通信、网络、计算机、人工智能等新技术，针对政府决策的不同场景和主题，实现政府可获得的各种数据资源的有效利用，全面提升面向政府决策的知识化服务水平，有利于加速推进国家治理体系和治理能力的现代化。

信息资源是一个国家和社会的重要财富，政务信息资源是国家各类信息资源的核心构成，其开发利用水平直接关系到政府的行政和服务能力。政务信息资源作为信息技术与政府业务结合的产物，在推进国家治理现代化方面具有巨大的推动作用，充分利用政务信息资源可以有效地提升政府科学决策的能力。政务信息资源的应用大到政府宏观经济调控、资源可持续开发利用、产业布局规划、优化营商环境等国家宏观决策，小到打造便民服务区、宜居式社区治理等各个方面。从爆炸式的信息资源中智能、精准地获取主题化的数据资源，快速组织构建主题化应用服务，并挖掘分析数据、信息背后蕴藏的知识，为政府某种决策场景所应用，可以积极推动政务信息资源开发利用的深入发展，推动数字政府建设，推进提升从复杂的数据集合中获取与决策场景相关的知识和洞见的能力。

本书作者一直从事空间辅助决策技术及政务信息资源分析应用研究，从早期的政府地理信息系统构建、基于地理信息的专题信息整合服务等技术研究到目前的政务大数据整合治理，基于人工智能、大数据等新技术的主题化、个性化、智能化领导决策支持服务技术与应用模式等的深入研究,积累了丰富的政府决策支持服务技术与实践经验,为本书的撰写奠定了坚实的基础。同时,作者的研究团队长期致力于该领域,作者指导一批硕士研究生在该领域做了大量的工作。近年来,团队围绕数字政府框架、政府决策支持和大数据治理技术前沿,在"电子政务空间辅助决策测绘保障""自然资源大数据应用与服务""政务信息资源整合""河北省经济社会发展数据系统"等政府项目的支持下,开展了政务信息资源整合治理、知识化管理、分析挖掘、主题化应用服务等技术研究,本书是相关工作的一个阶段性总结。

本书系统介绍了面向政府决策的政务信息资源主题化应用服务技术与实践,共分7章。第1章对基于政务信息资源的政府决策支持信息服务、主题化应用服务等的内涵、分类、特征等进行了简要的介绍;第2章全面回顾了政务信息资源主题化应用服务国内外发展现状;第3章介绍了政务信息资源主题化应用服务构建的总体思路;第4章介绍了政务信息资源主题化应用服务构建技术;第5章介绍了政务信息资源主题化应用服务实现工具;第6章介绍了政务信息资源主题化应用服务专题构建案例;第7章对政务信息资源主题化应用服务构建的未来发展趋势进行了展望。本书编写过程中得到了所在研究团队的大力支持,赵阳阳、赵习枝、陶坤旺、何望君等参与了部分章节内容的整理。

作者感谢国务院办公厅政务办公室、河北省人民政府办公厅、中国测绘科学研究院等部门和单位的支持,感谢历届博士生、硕士生和为本书作出贡献的所有同志。本书在撰写过程中参考、吸收了大量国内外有关论著的理论和技术成果,书中仅列出了部分参考文献,向所有文献作者表示感谢。

由于作者水平有限,书中不妥之处在所难免,恳请读者批评指正。

目 录

第1章 绪论 ………………………………………………………… 1

  1.1 政务信息资源内涵 ………………………………………… 1

    1.1.1 政务信息资源特征 ………………………………… 2

    1.1.2 政务信息资源类别 ………………………………… 3

    1.1.3 政务信息资源形式 ………………………………… 4

    1.1.4 政务信息资源内容 ………………………………… 7

    1.1.5 政务信息资源服务 ………………………………… 8

  1.2 政府决策支持信息服务 …………………………………… 10

    1.2.1 政府决策支持信息服务的内涵 …………………… 10

    1.2.2 决策支持信息服务与一般信息服务的差异 ……… 11

  1.3 政务信息资源主题化应用服务 …………………………… 12

    1.3.1 主题化应用服务的内涵 …………………………… 13

    1.3.2 政务信息资源主题化应用服务的内涵 …………… 13

第2章 政务信息资源主题化应用服务现状 ……………………… 16

  2.1 政务信息资源内容及现状 ………………………………… 16

2.2 政府决策支持系统研究和应用现状 17
2.3 国内外政务信息资源主题化应用服务现状 23
2.4 政务信息资源主题化应用服务构建技术及工具现状 ... 28

第3章 政务信息资源主题化应用服务构建思路 31

3.1 政务信息资源主题化应用服务目标 31
3.2 政务信息资源主题化应用服务构建原则 31
3.3 政务信息资源主题化应用服务构建流程 33
    3.3.1 数据治理 34
    3.3.2 专题规划 42
    3.3.3 专题服务构建 45
    3.3.4 评估评价 46

第4章 关键技术 48

4.1 信息资源数据存储技术 48
    4.1.1 关系型数据库 49
    4.1.2 非关系型数据库 50
    4.1.3 分布式文件系统 52
    4.1.4 大数据存储技术 53
4.2 信息资源整合技术 54
    4.2.1 文本数据整合 55
    4.2.2 结构化数据整合 56
    4.2.3 多媒体数据整合 57
    4.2.4 空间地理数据整合 57
4.3 微服务技术 58
4.4 知识图谱技术 60

4.5 可视化展示技术 …………………………………………………… 63
    4.5.1 政务文本信息可视化 …………………………………… 63
    4.5.2 政务统计信息可视化 …………………………………… 65
    4.5.3 政务地理信息可视化 …………………………………… 66

第5章 政务信息资源主题化应用服务实现工具 …………………………… 67

5.1 数据资源整合工具 …………………………………………………… 67
    5.1.1 文本数据整合工具 ……………………………………… 69
    5.1.2 空间数据整合工具 ……………………………………… 70
    5.1.3 结构化数据整合工具 …………………………………… 71
    5.1.4 多媒体数据整合工具 …………………………………… 74
    5.1.5 数据抽取转换加载工具 ………………………………… 76

5.2 专题信息服务功能构建工具 ……………………………………… 80
    5.2.1 地图服务构建工具 ……………………………………… 80
    5.2.2 统计图表构建工具 ……………………………………… 86
    5.2.3 知识服务构建工具 ……………………………………… 104
    5.2.4 联机分析构建工具 ……………………………………… 109
    5.2.5 检索服务构建工具 ……………………………………… 113
    5.2.6 统计报表功能构建工具 ………………………………… 115
    5.2.7 信息发布工具 …………………………………………… 119

5.3 可视化服务工具 …………………………………………………… 123
    5.3.1 地图可视化服务工具 …………………………………… 124
    5.3.2 统计图表可视化服务工具 ……………………………… 126
    5.3.3 知识图谱可视化服务工具 ……………………………… 129

第6章 政务信息资源主题化应用服务专题构建案例 …………………… 131

6.1 宏观经济运行情况专题信息服务系统构建 ……………………… 131

    6.1.1 宏观经济指标规划及数据整合 ·················· 132
    6.1.2 系统结构及构建流程 ························ 135
    6.1.3 专题系统功能实现 ·························· 138
  6.2 经济监测预警专题信息服务系统构建 ··················· 144
    6.2.1 经济监测预警指标规划及数据整合 ··············· 145
    6.2.2 系统结构及构建流程 ························ 149
    6.2.3 专题系统功能实现 ·························· 151
  6.3 民生保障专题信息服务系统构建 ····················· 161
    6.3.1 民生保障指标规划及数据整合 ·················· 161
    6.3.2 系统结构和构建流程 ························ 163
    6.3.3 专题系统功能实现 ·························· 165
  6.4 河北省领导决策数据支持系统构建 ···················· 169
    6.4.1 领导决策指标规划与数据整合 ·················· 169
    6.4.2 系统结构和构建流程 ························ 175
    6.4.3 专题系统功能实现 ·························· 178
  6.5 陕西省政府领导决策支持系统构建 ···················· 184
    6.5.1 领导决策指标规划与数据整合 ·················· 185
    6.5.2 系统结构和构建流程 ························ 189
    6.5.3 专题系统功能实现 ·························· 193

第7章 展望 ··· 198

参考文献 ·· 201

第1章 绪　　论

1.1　政务信息资源内涵

人类已进入信息社会、信息时代,信息论奠基人克劳德·香农(Claude Shannon)认为"信息是用来消除随机不确定性的东西"[1]。被普遍认可的信息定义为:信息是对客观世界各种事物运行状态及发展变化的反映,是客观事物之间相互联系和相互作用的自在行为。李文明等人认为,信息有广义和狭义两个层次。从广义上讲,信息是任何一个事物运动状态以及运动状态形式的变化。从狭义上讲,信息是指被信息接收主体所感觉到并能被理解的东西[2]。经济管理学家认为"信息是提供决策的有效依据"。

信息时代政府信息化向更深更广之范畴加快发展,已由办公自动化向全面信息化转化,向数字政府建设转化。政府信息化水平成为衡量一个国家现代化程度和综合国力等方面的重要标志。信息化时代政府部门信息资源的管理与利用水平关乎民生和社会发展[3]。政府部门管理和利用的信息资源我们将其定义为"政务信息资源"。

政务信息资源指行政机关记录、收集、加工和保存的信息,包括法律法规、政策文件、档案资料、基础数据等[4]。政务信息资源的形成主体包括政府部门、企业、非营利组织和社会个人,政务信息资源形成的基本规律主要是主体的层次性、路径的分散性和机制的多元化[3]。因此,政务信息资源主要包括政府部门为履行管理国家行政事务的职责而采集、加工、使用的信息资源,在业务过程中产生的信息资源,由政府部门投资建设管理的信息资源,以及公共机构、社会团体发布的有价值可利用的信息资源。政务信息资源可以有效地帮助政府部门及行政机关实施公共政策,提升政府管理水平。同时,政务信息资源可以被用于公众参与政府决策的过程和监督政府的行为,增强政府执政透明度及公众参与度,改善政府服务效能。

政务信息资源体系是一种由多种政务信息资源组成的系统,它以功能和目的为基础,是将多种信息资源进行分类组合、组织、管理、利用的一种体系。政务信息资源体系包括政务信息资源特征、政务信息资源类别、政务信息资源形式、政务信息资源内容和政务信息资源服务五个方面。

1.1.1 政务信息资源特征

政务信息资源主要的特征[5]如下。

(1) 权威性和导向性

政府作为国家的行政机关,不仅是法律法规的发布机构,还是重大事务的决策机构,其独特的政治地位决定了政府信息资源的权威性和严肃性。政府信息的主要来源是各级政府职能部门,各级政府职能部门代表国家行使权力,制定政策和执行政策,由于国家行政机关的活动内容十分广泛,无论哪一方面的发展都需要政府制定相关的方针、政策、法规、规划等来进行宏观调控,其相关政务信息在社会上起了导向性作用。

(2) 广泛性和整合性

政务信息涉及国家政治、经济、科技、教育、文化、外交等各个方面,具有广泛性的特点。但各方面的政务信息并非完全独立,而是相互整合的,不仅包括各政府部门信息资源的整合,还包括与社会其他信息资源的整合,经过整合的政务信息资源为社会提供的服务更高效、更全面。

（3）保密性和安全性

保密性和安全性是指一部分政务信息资源内容涉及国家重大方针政策、政府活动、工作部署和社会动态等机密，只允许在一定的范围或特定的信息体系中传递。有些机密的政务信息甚至直接关系到国家的前途和命运，如果不能保证其安全，会给国家造成重大损失。

1.1.2 政务信息资源类别

按照国家发展改革委 中央网信办关于印发《政务信息资源目录编制指南（试行）》的通知附件中"6.1 政务信息资源目录分类"的资源属性分类方法，政务信息资源主要分为基础信息资源、主题信息资源、部门信息资源。

基础信息资源是国家基础信息资源，包括国家人口基础信息资源、法人单位基础信息资源、自然资源和空间地理基础信息资源、社会信用基础信息资源、电子证照基础信息资源等。

主题信息资源是围绕经济社会发展的同一主题领域，由多部门共建项目形成的政务信息资源。主题领域包括但不限于公共服务、健康保障、社会保障、食品药品安全、安全生产、价格监管、能源安全、信用体系、城乡建设、社区治理、生态环保、应急维稳等。

部门信息资源是政务部门业务工作形成的信息资源。部门信息资源分类包括：党中央、全国人大常委会、国务院、全国政协、最高人民法院、最高人民检察院的政务部门信息资源，省（自治区、直辖市）、计划单列市以及其下各级政务部门信息资源。

王新才[3]参照苏新宁、陈能华、马费成、卢泰宏等人的分类，结合政府信息资源管理的特点与要求，将政务信息资源按以下三个维度进行划分：

① 从对政府信息资源管理的角度划分，可分为记录型政府信息资源、实物型政府信息资源、智力型政府信息资源、零次政府信息资源；

② 按信息资源的组成关系划分，可分为元政府信息资源、本政府信息资

源和表政府信息资源；

③ 按信息所处的空间区域划分，可分为国际政府信息资源、国家政府信息资源、地区政府信息资源和单位政府信息资源。

依据政府文件及各专家学者的分类，结合信息来源，从信息资源主题化应用服务的角度，本书将政务信息资源的类型分为国家基础信息、行政管理信息、政务专题信息、社会公共信息、行业信息、文献情报资料、互联网信息等。

① 国家基础信息，是指人口信息、法人单位信息、空间地理信息、宏观经济信息、电子证照等国家统筹的支撑性信息资源；

② 行政管理信息，是指各级政府面向社会经济治理发布的政策文件及相关解读读本等各类行政管理信息；

③ 政务专题信息，是指围绕经济社会发展的同一主题领域，多部门共建形成的主题化信息资源；

④ 社会公共信息，是指政府（行业机构）进行公共服务形成或发布的关于社会治理和公共服务的信息资源；

⑤ 行业信息，是指由行业协会等社会团体、研究机构发布的行业发展状况信息资源；

⑥ 文献情报资料，是指具有历史意义、对政府管理决策具有重要参考价值的书籍、论文、报告等资料。

⑦ 互联网信息，是指通过互联网技术传播的任何数据、信息、文件内容以及文字、声音、图片等物件形式的信息。

1.1.3 政务信息资源形式

政务信息资源既可以是公开的文本文件、数据库、图片、音频、视频等，也可以是政府文件、政策文件等。因此，政务信息资源的存在形式包括**文本形式、统计数据形式、数据库形式以及图片、音频、视频等多媒体形式**。

文本形式:指用以文字为主的形式来记录政府机构的决定、决议、程序、实施的过程等的文本信息,如政府文件、议事纪要、讲话稿、法律法规等,以及由文字、图片、表格等混合组成的报告文档等。文本形式的政务信息资源如图 1-1 所示。

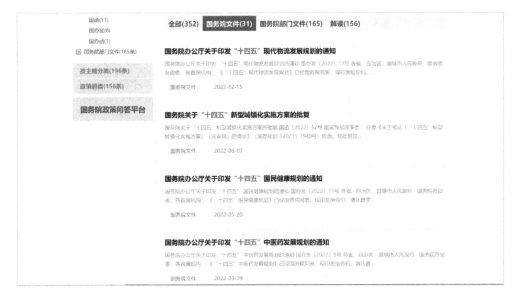

图 1-1　文本形式的政务信息资源(国务院文件,来源:中国政府网)

统计数据形式:指由统计机构收集、整理和发布的社会及经济状况、社会发展过程或特定领域的宏观及微观状况等数据,是政府决策、社会经济管理的重要依据。统计数据形式的政务信息资源如图 1-2 所示。

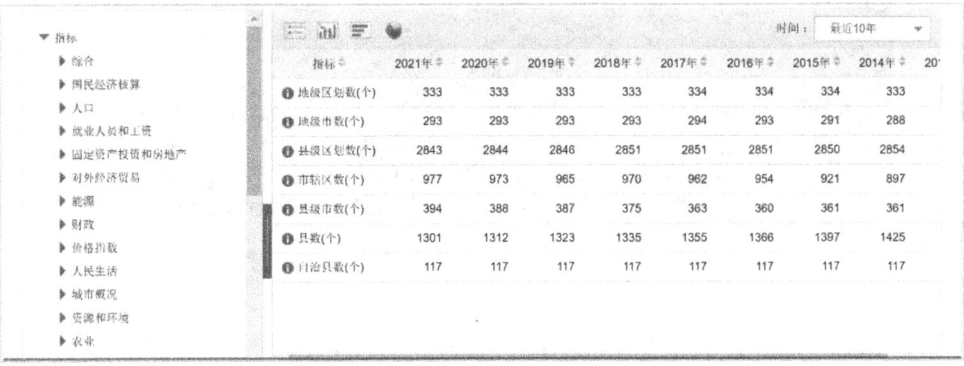

指标	2021年	2020年	2019年	2018年	2017年	2016年	2015年	2014年
地级区划数(个)	333	333	333	333	334	334	334	333
地级市数(个)	293	293	293	293	294	293	291	288
县级区划数(个)	2843	2844	2846	2851	2851	2851	2850	2854
市辖区数(个)	977	973	965	970	962	954	921	897
县级市数(个)	394	388	387	375	363	360	361	361
县数(个)	1301	1312	1323	1335	1355	1366	1397	1425
自治县数(个)	117	117	117	117	117	117	117	117

图 1-2　统计数据形式的政务信息资源(来源:国家统计局网站)

数据库形式：指由数据库技术组织起来的政务信息资源，如公共服务数据库、经济数据库、社会数据库等，是行政管理活动中普遍采用的信息资源。数据库形式的政务信息资源如图1-3所示。

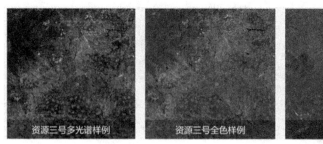

图1-3 数据库形式的政务信息资源

图片形式：指以图片为主的数据形式，如地理信息的遥感数据以及政府活动的图表、图解等，是政府行政管理活动中重要的辅助手段。图片形式的政务信息资源如图1-4所示。

图1-4 图片形式的政务信息资源（来源：自然资源部网站）

音频形式：音频被用来传递消息、意向、情感，是人们熟悉的传递信息的方式。作为一种信息的载体，音频可分为语音、音乐和其他声音三种类型。

音频形式的政务信息资源如图 1-5 所示。

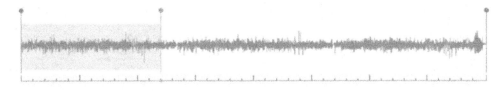

图 1-5　音频形式的政务信息资源

视频形式：指由摄像机、摄影机拍摄的影像资源，如政务会议录像、行政审批现场记录、新闻采访等，是政府行政管理活动中的重要手段。视频形式的政务信息资源如图 1-6 所示。

图 1-6　视频形式的政务信息资源（来源：新华网）

1.1.4　政务信息资源内容

基于前述的政务信息资源类别，即国家基础信息、行政管理信息、政务专题信息、社会公共信息、行业信息、文献情报资料、互联网信息，政务信息资源内容如图 1-7 所示。

图 1-7　政务信息资源内容

国家基础信息包括人口信息、法人单位信息、空间地理信息、宏观经济信息、电子证照、社会信用等基础数据资源。

行政管理信息包括政策文件、行政手续文件、新闻公报、行政审批文件、政策解读等,是政府行政管理活动中的重要资料。

政务专题信息包括国家层面统筹或各部门联合、各地区各部门自建的主题类信息资源,如政务服务、宏观经济监测、生态环保、医疗健康、民生保障、应急管理等。

社会公共信息包括社会状况、社会活动、公共服务等,是政府社会治理和公共服务活动中的重要资料。

行业信息包括行业统计信息、研究分析报告、白皮书等。

文献情报资料包括图书、报纸、期刊、学位论文、专利文献、会议文献、标准文献、政府出版物、科技报告等。

互联网信息主要包括全球地理信息、导航地图数据、城市建筑物白膜、POI 数据、路网数据、社会舆情、各类商品价格、房产市场监测等。

1.1.5　政务信息资源服务

政务信息资源服务是社会信息服务的重要组成部分,是指按照政府机构、行业管理等政务信息用户的特定需求,由政务信息服务机构及时地将整理后的政务信息以适当的方式、便捷的形式提供给政务信息用户的活动。

从服务形式来看,政务信息资源服务主要包括信息类服务、报告类服务和数据类服务。信息类服务是针对国内外时事热点或当前决策问题而提出的快速解决方案;报告类服务是基于中长期的研究项目所提供的建议策略和研究成果;数据类服务则是通过分析、加工形成的兼具连续性、应用性的数据和分析工具[6]。

信息类服务的主要服务方式有个性化信息定制服务、信息检索服务、信息主动推送服务、主题化应用服务和信息资源在线共享服务等,可以为各级政府科学决策提供更有效的个性化信息服务。对用户而言,归结起来就是主动获取与被动推送两种过程。

个性化信息定制服务,是指用户根据需要,在信息平台的支撑下,主动订阅某一类或多类信息资源,常态化地为个人业务工作提供服务。

信息检索服务,是指用户根据需求,在信息平台的支撑下,基于问题或相关的关键词语,主动从各类不同的数据库或信息系统中迅速、准确地检索出与用户需求相符合的、有价值的资料和数据。

信息主动推送服务,即信息推荐与推送,是在一定程度上解决信息多样化与用户需求专一化之间矛盾的比较有代表性的解决方案之一。推荐策略主要包括基于协同过滤的推荐和基于内容的推荐[7]。其核心思想是通过发现用户对信息的偏好为用户建模,并结合信息内容分析,评估信息与用户之间的相关度,从而实现信息的推荐。信息主动推送服务是智能化技术发展到一定阶段而产生的"以用户为中心"、基于AI推荐算法的一种信息主动服务模式,对用户而言,是被动获取信息的方式。

主题化应用服务,是根据用户业务需求,政务信息服务机构在专题构建工具的支持下,汇集主题化的各类信息资源,通过信息关联分析、数据挖掘、可视化展示,形成主题化的专题信息应用服务系统,为政府机构某一领域的管理决策提供信息集成分析服务。它也是一种"以用户为中心"的信息主动服务模式,对用户而言,是被动获取信息的方式。

信息资源在线共享服务,是指在政府信息在线服务过程设计中,以信息共享和管理集成原则为指导,以信息技术应用为支撑,以统一的信息平台和信息格式为基础,分别在对内服务(以内部用户为中心)与对外服务(以社会公众为中心)两个层次上实现高效、便捷的政府信息开放与开发服务[8]。

1.2 政府决策支持信息服务

政务信息资源是政府工作与政府决策的基础,在提升政府工作与决策效率方面起着非常重要的作用。政务信息资源的价值实现主体包括政府和社会:在政府方面主要是对决策的支持,在社会方面主要是让社会知晓并利用[9]。可见,政府决策支持信息服务是政务信息资源开发与利用的重要方面。

1.2.1 政府决策支持信息服务的内涵

《国务院关于加强数字政府建设的指导意见》[10]强调,应提升辅助决策能力。"建立健全大数据辅助科学决策机制,统筹推进**决策信息资源系统**建设,充分汇聚整合多源数据资源,拓展动态监测、统计分析、趋势研判、效果评估、风险防控等应用场景,全面提升政府决策科学化水平"。构建一个新型的、面向政府决策者和公众参与者,可度量、可模拟、可监控、可校正、可反馈的精细化**政府决策支持综合系统**,并充分发挥其价值十分必要[11]。政府决策支持综合系统是政府对市场经济、社会发展开展政策研究分析和进行决策判断的依据,可以全面支持政府充分发挥在宏观调控方面独特的政策优势与科学的决策价值。

决策支持信息服务是围绕用户信息需求的产生和满足而形成的一个封闭环状信息系统。这个系统由信息资源、信息生产者、信息使用者、技术实现手段以及管理信息等众多要素组成，要素之间动态作用并相互制约[12]。决策支持信息服务要素构成如图1-8所示。

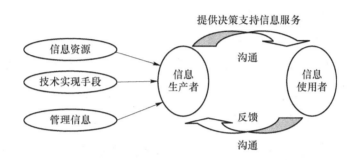

图1-8　决策支持信息服务要素构成[13]

决策支持信息服务是利用决策信息资源系统的智能工具（信息聚合、决策建模、数据挖掘、统计分析等工具），从多源、海量、异构的政务信息资源中提取、挖掘有用的信息，以支持决策者进行正确决策的服务。它将为决策者提供关键信息和可行方案，以帮助他们做出明智的社会经济发展战略规划、应急救援以及商业决策，并获得最佳结果。

1.2.2　决策支持信息服务与一般信息服务的差异

决策支持信息服务与一般信息服务在服务理念、服务模式、服务内容及手段上有诸多不同。

首先，服务理念人性化。决策支持信息服务的理念由原来的以"信息资源"为中心转变为以"用户需求"为中心，对于决策支持信息服务与用户之间的关系，用户不再仅仅是"信息接收者"，而是身兼"信息接收者""信息传递者""信息创造者"等多重角色。用户需求在决策支持信息服务中显得尤为重要。只有依据用户需求提升信息服务品质，促使服务内容日趋专业化、系统化，才能够有效增强用户的信赖感与忠诚度[14]。

其次，服务模式多元化。决策支持信息服务的服务对象以各级党政机关、行业管理机构以及研究单位为主，当下国际环境的复杂性、国内社会经济发展的多元性，决定了决策支持信息服务需要解决的问题也越来越复杂，不光单纯提供信息资源，还必须根据用户的需求、决策的需要，对信息资源进行整合、分析，形成科学的、系统的决策参考信息。

最后，服务内容及手段个性化。科学技术是第一生产力。面向政府的决策支持信息服务在新技术的支持下可以凸显用户的个人特征。例如通过大数据、AI、云计算等技术的应用，可以依据关注领域、分管业务、知识结构、专业背景等向用户推介相关信息并及时更新完善；还可以根据用户需求，为用户提供个性化的信息定制服务，构建信息服务专题，实现信息服务范围的延伸。

相比于一般信息服务，决策支持信息服务具有以下优势。

- 提升决策质量：决策支持信息服务可以收集、组织和分析大量有用的数据和信息，并进行综合分析，从而有助于决策者做出正确的决策。
- 提高决策效率：决策支持信息服务可以帮助决策者在有限的时间内做出正确的决策，从而提高解决问题的效率。
- 改善风险管理：决策支持信息服务可以帮助决策者更好地理解、预见可能存在的风险，并采取有效的应对措施。
- 促进业务协作：决策支持信息服务可以帮助决策者有效地进行沟通和协作，从而推动集体决策、决议的达成。

1.3 政务信息资源主题化应用服务

主题化应用服务是支持政府决策、实现政务信息资源价值的有效途径之一。夏立新等认为面对庞大、无序的政务信息资源和个性化的用户需求,构建一种"以用户为中心"的主动引导型政务信息服务模式,不仅能避免政务信息资源大量浪费,而且方便用户查找所需信息,从而充分发挥政务信息资源的价值[15]。

1.3.1 主题化应用服务的内涵

主题化应用服务是指在明确用户所需信息及知识的目的和范围的基础上,选择适当的信息及知识组织构建工具,收集、整理信息资源,按照用户的需求和使用习惯,提取信息、组织信息,并以适当的方式进行可视化表达,同时集成信息查询检索、分析挖掘等工具,形成主题化的应用信息服务分析系统。

主题化应用服务要想科学有效,必须坚持以下原则。

① 系统性原则:包括信息内容的系统性和信息组织逻辑的系统性,为用户提供关于某主题相对全面的信息服务,并具备较强的信息可理解性。

② 时效性原则。主题化应用服务的初衷就是要及时响应用户,解决某一问题对相关信息和知识的需求,因此主题化应用服务构建要具备时效性,组成主题化应用服务的信息资源本身也要具备一定的现势性。

③ 知识化表达原则。信息表达方式要尽量反映事物的本质和发展规律,通过信息表达、信息关联,为用户提供可直观获取的知识化的信息服务,而不是一条条的数据本身。

④ 易用性原则。主题化应用服务的专题信息系统要易于理解、操作方便,从人本主义出发,符合解决问题的常规思维逻辑。

1.3.2 政务信息资源主题化应用服务的内涵

政府决策支持必须立足于社会与经济发展中的问题,完善"问题分析—

政策研究—听证论证—决策支持—反馈评价"五段式综合系统建构,从而将传统的"经验决策"转变为"数据决策",由"事后诸葛"转变为"事前预测",由"被动执行"转变为"主动决策"[11]。因此,政务信息服务机构面向政府决策的信息服务必须动态满足政府解决社会经济发展问题的信息需求,针对不同问题,进行五段式综合系统构建,在聚焦问题分析的基础上,快速汇集、整合相关主题的信息资源,构建主题化的政务信息资源服务应用系统,提供数据、信息、知识、分析结论等辅助决策支持。

构建政务信息资源主题化应用服务旨在根据用户需求,高效、高质量、个性化、有针对性地提供个性化的信息定制服务,满足日益变化的政府决策对综合性信息的需求,以提高政府社会经济管理决策效率、决策水平和质量。政务信息资源主题化应用服务主要包括数据收集、数据整理、信息组织、数据分析、信息可视化、决策支持服务等过程。

数据收集主要是指通过各种渠道收集信息资源,包括政府内部的行政管理信息、业务积累数据,以及政府外部的公众网站、社交媒体、行业数据库、专业数据库、文献资料等。

数据整理主要包括建立有规律的信息库、利用数据清洗工具清理及处理各种数据,为信息资源的有效利用奠定基础。

信息组织主要是指围绕决策支持服务主题,按照一定的原则、方法和技术,实现各类信息资源的有序组织,完成无序信息流向有序信息流的转换,从而实现信息资源面向应用服务的科学组合。信息组织具有系统性、聚类性、动态性、多重性等特征。

数据分析是指利用统计分析、数据挖掘、机器学习等技术打造数据分析工具,实现对数据的深入分析与挖掘,从而达到围绕决策支持服务主题、从海量数据中发现有价值的信息和事务的发展变化规律的目的。

信息可视化主要是指把复杂的、隐晦的、朦胧的甚至常人难以理解的信息变得通俗易懂,把隐藏在信息中的内在规律以可视化的方式表示出来,便于传播、沟通、预测及研究。政务信息资源主题化应用服务中的信息可视化是指把系统内容中的各类数据资源、分析结果信息,以适当的图形、图表、地图、知识地图等形式表达出来,便于决策者理解信息及其内在联系、发展规律。

决策支持服务主要是指结合数据分析结果和现实业务,为决策者提供社会经济运行监测信息、发展趋势分析信息,以及可行的决策建议的过程,辅助政府机构管理决策。

第 2 章　政务信息资源主题化应用服务现状

2.1　政务信息资源内容及现状

政务信息资源是指政务部门在履行职责过程中制作或获取的,以一定形式记录、保存的文件、资料、图表和数据等各类信息资源,包括政务部门直接或通过第三方依法采集的、依法授权管理的和因履行职责需要依托政务信息系统形成的信息资源等。

政务信息资源的主要组成内容包括政府决策信息、为社会各界服务的信息、反馈信息以及政府间的交流信息。政务信息资源按信息来源分为政府内部信息和政府外部信息;按信息状态分为固定信息和流动信息;网络环境下有文献信息和电子信息之分[16]。

根据我国电子政务信息资源整合应用的层次不同,大致可以将其分为以下三个层次[17]。一是基础层的电子政务信息资源,它是执行层和应用层电子政务信息资源建设的基础,目前主要包括人口基础信息库、法人单位基础信息库、自然资源和空间地理基础信息库、宏观经济数据库等四大国家基础信息资源数据库。这四大基础数据库相对于其他数据库来说是一种公共产品,其他数据库的建设需要在四大数据库数据服务的基础上不断发展。二是执行层的电子政务信息资源,其将依托基础层的电子政务信息资源建设,同时为应用层的电子政务信息资源建设提供信息供给和服务支撑,目前主要包括12个重要纵向业务系统的信息化建设中所开发的各类电子政务业务应用信息,以及各级政府横向部门的信息化建设中所开发的电子政务业务应用信息等。三是应用层的电子政务信息资源,其依托于基础层和执行层的电子政务信息资源建设,将直接面对应用主体提供各类电子政务信息和服务。就我国而言,目前应用层的电子政务信息资源主要包括各级政府部门网站上的政务发布信息等。

目前,我国政务数据资源体系基本形成。覆盖国家、省、市、县等层级的政务数据目录体系初步形成,各地区各部门依托全国一体化政务服务平台汇聚编制政务数据目录超过300万条,信息项超过2000万个。人口、法人、自然资源、经济等基础库初步建成,在优化政务服务、改善营商环境方面发挥了重要的支撑作用。国务院各有关部门积极推进医疗健康、社会保障、生态环保、信用体系、安全生产等领域主题库建设,为经济运行、政务服务、市场监管、社会治理等政府职责履行提供了有力支撑。各地区积极探索政务数据管理模式,建设政务数据平台,统一归集、统一治理辖区内政务数据,以数据共享支撑政府高效履职和数字化转型。截至2022年年底,全国已建设26个省级政务数据平台、257个市级政务数据平台、355个县级政务数据平台[18]。

2.2 政府决策支持系统研究和应用现状

政府决策指政府在某种环境或者决策系统中为解决问题或者维护公共利益而开展的决策活动。政府决策作为行政活动的前提,对一个地方的社会经济和科学文化的发展发挥着举足轻重的作用。然而,决策信息的不足和滞后,信息处理的低效化以及信息流通不畅等诸多问题,给决策的制定带来了重重障碍和压力[19]。

为了解决政府决策过程中存在的问题,早在20世纪80年代欧美国家已经开始率先使用计算机辅助决策支持系统。Douglas[20]的观点是可以量化一切,提倡数据化决策。Holsaple、Hill等人采用神经网络、遗传算法等建设了决策支持系统。然而,大数据的发展改变了决策的深度和广度,大数据作为无法在相应的时间内加以存储、管理、分析的数据集合,让决策充满了不确定性,传统的决策系统已经难以跟上大数据发展的步伐[21]。

决策支持系统是管理信息系统的高级发展阶段,在商业、国防、工业领域取得了良好的成果,但是从长远来看其仍处于发展阶段。决策支持系统(Decision Support System,DSS),是辅助决策者通过数据、模型和知识,以人机交互方式进行半结构化或非结构化决策的计算机应用系统。它是管理信息系统向更高一级发展而产生的先进信息管理系统。它能够为决策者提供分析问题、建立模型、模拟决策过程和方案的环境,调用各种信息资源和分析工具,帮助决策者提高决策水平和质量[22]。技术人员对新技术不断开展的研发,比如分布式数据库、NoSQL分布式储存方案等,促进了大数据的发展。大数据作为重要的战略资源,本身具有类型多样、流动度高、体量庞大的特征[23]。大数据技术能够参透事务之间的隐形因素,更加完整、全面地呈现事物发展的客观过程,从而为决策的制定和预判提供更加可靠的信息。在DSS的发展过程中,决策支持是一个先导性的概念,决策支持的概念形成若干年后,才出现决策支持系统。可以说,决策支持是目标,决策支持系统则是实现目标的工具[24]。决策支持系统有以下特性[25]。

① 用定量方式辅助决策,而不是代替决策。

② 使用大量的数据和多个模型。

③ 支持决策制定过程。

④ 为多个管理层次上的用户提供决策支持。

⑤ 能支持相互独立的决策和相互依赖的决策。

⑥ 用于半结构化决策领域。

自20世纪70年代被提出以来,DSS已经得到了很大的发展,目前,决策支持系统主要有数据驱动型决策支持系统、模型驱动型决策支持系统、知识驱动型决策支持系统、仿真型决策支持系统、智能决策支持系统等。

数据驱动型决策支持系统(Data-Driven DSS)[21]:这种DSS强调以时间序列访问和操纵组织的内部数据(有时是外部数据)。它通过查询和检索访问相关文件系统,提供了最基本的功能。后来的数据仓库系统提供了另外一些功能。数据仓库系统允许采用应用于特定任务或设置的特制的计算工具或者较为通用的工具和算子来对数据进行操纵。以数据仓库与数据挖掘开发为基础的决策系统主要由模型库和数据库、分析主体以及用户构成,以实现决策支持[26]。结合了联机分析处理(Online Analytical Processing,OLAP)的数据驱动型DSS则能够提供更高级的功能和决策支持,并且此类决策支持是基于大规模历史数据分析的。OLAP是数据处理的一种技术概念,是一种归纳型的决策过程。其基本目的是使企业的决策者能灵活地操纵企业的数据,以多维的形式从多方面和多角度来观察企业的状态、了解企业的变化,通过快速、一致、交互地访问各种可能的信息视图,帮助管理人员掌握数据中的规律,实现对数据的归纳、分析和处理,帮助组织完成相关的决策[27]。基于OLAP模型得到的数据立方体在响应速度和刷新代价方面都有所提升[26]。数据驱动的方法可以在不依赖先验知识的情况下发现各种数据库模式,同时还可以处理灵活的目标和多种场景[28]。经理信息系统(Executive Information System,EIS)以及地理信息系统(Geographic Information System,GIS)属于专用的数据驱动型DSS,是一种大数据技术和循证理论融合的政府决策支持系统,通过证据收集、决策管理和评估为政府提供科学决策服务[29]。

模型驱动型决策支持系统(Model-Driven DSS)[21]：模型驱动型DSS强调对于模型的访问和操纵，比如对于统计模型、金融模型、优化模型和仿真模型的访问和操纵。简单的统计和分析工具能提供最基本的功能。模型驱动型DSS的核心是模型管理子系统，而模型表示方法是模型管理的关键技术，直接影响模型定义、模型操纵和模型求解等具体功能[23]。模型的表示方法有子程序表示、宏命令表示、谓词表示、模型抽象表示、框架表示和面向对象的表示方法等。模型表示方法应当有助于决策者对模型进行操纵[30]，同时又应具有语义性、多样性、可构造性、可编程性等特点。在以上的模型表示方法中，面向对象的表示方法能反映模型的自然层次结构，继承性和封闭性是一种很好的模型组织形式[31]。利用基于问题求解的模型表示方法(Model Representation Based on Problem Solving,PSBMR)开发的中国金属矿产资源决策支持系统表明组件化开发方法在开发决策系统时能提高效率，且有更好的灵活性[32]。一些允许复杂数据分析的联机分析处理系统(OLAP)可以分类为混合DSS系统，并且提供模型和数据的检索，以及数据摘要功能。一般来说，模型驱动型DSS综合运用金融模型、仿真模型、优化模型或者多规格模型来提供决策支持。模型驱动型DSS利用决策者提供的数据和参数来辅助决策者对某种状况进行分析。模型驱动型DSS通常不是数据密集型的，也就是说，模型驱动型DSS通常不需要很大规模的数据库。模型驱动型DSS的早期版本被称作面向计算的DSS[33]。这类系统有时也称为面向模型或基于模型的决策支持系统。松耦合模型驱动决策支持系统(Loose-Coupling Model-Driven Decision Support System,LCMD-DSS)在流域水资源管理决策过程中具有良好的异质包容性、动态适应性与普适性[34]。

知识驱动型决策支持系统(Knowledge-Driven DSS)：以知识库为核心，采用基于案例的推理来进行决策分析[35]。知识驱动型DSS可以就采取何种行动向管理者提出建议或进行推荐。这类DSS是具有解决问题的专门知识的人-机系统。"专门知识"包括理解特定领域问题的"知识",以及解决这些问题的"技能"。与之相关的一个概念是数据挖掘工具——一种在数据库中搜寻隐藏模式的用于分析的应用程序。数据挖掘通过对大量数据进行筛选以产生数据内容之间的关联。构建知识驱动型 DSS 的工具有时也称为智能决策支持方法[26,29]。

仿真型决策支持系统(Simulation-Based DSS):仿真型 DSS 可以提供决策支持信息和决策支持工具,帮助管理者分析通过仿真形成的半结构化问题。这些种类的系统全部称为决策支持系统。DSS 可以支持行动、金融管理以及战略决策。包括优化以及仿真等许多种类的模型均可应用于 DSS。一种将虚拟仿真技术与决策分析技术有机结合而设计、开发的具有虚拟仿真功能的火电厂应急救援决策支持系统软件,证明仿真可使决策支持系统更具有直观性和有效性[36]。

智能决策支持系统(Intelligence Decision Supporting System,IDSS)[32],是人工智能(Artificial Intelligence)与 DSS 相结合的产物。通过应用专家系统(Expert System)技术,DSS 能够更充分地应用人类的智慧型知识,如关于决策问题的描述性知识、决策过程中的过程性知识、求解问题的推理性知识等,并通过逻辑推理来解决复杂的决策问题。

IDSS 具有推理机制,可以模拟决策者的思维过程,根据决策者的需求,通过会话分析问题,应用有关知识引导决策者选择合适的决策模型。根据 IDSS 智能的实现可将其分为:基于专家系统的 IDSS、基于机器学习的 IDSS、基于人工神经网络的 IDSS、基于数据仓库的 IDSS、基于网络技术的 IDSS 等[37]。

① 基于专家系统的 IDSS,结合了专家系统以知识推理形式解决定性分析问题的优势以及以模型为核心解决定量分析问题的优势,充分做到了定性分析和定量分析的有机结合,使得解决问题的能力和范围得到了扩展[38]。专家系统主要参与解决管理科学中半结构和非结构化问题,DSS 主

要是运用数据和模型来解决问题,而专家系统主要是运用知识和推理[39]来解决问题。

② 基于机器学习的 IDSS,通过机器学习和决策支持系统结合形成的智能决策支持系统,主要是增加学习功能,以获取辅助决策知识[25]。

③ 基于人工神经网络的 IDSS,人工神经网络(Artificial Neural Networks,ANN)是对人脑或自然神经网络(Natural Network)若干基本特性的抽象和模拟。人工神经网络 ANN 具有自组织、自学习和并行计算的能力,它与 DSS 结合可优化 IDSS 的决策过程[40,41]。

④ 基于数据仓库的 IDSS(Data Ware-Based IDSS)[35]。数据仓库(Data Ware)是支持管理决策过程的、面向主题的、集成的、动态的、持久的数据集合,可为决策者提供各种类型的、有效的数据分析,辅助决策[42]。基于数据仓库的决策分析可以进行统计分析、定制分析、预测分析、法律法规与文件文献综合查询等[43]。它可将来自各个数据库的信息进行集成,从事物的历史和发展的角度来组织和存储数据,为决策者提供有用的决策支持信息与知识。将数据库、OLAP、数据开采模型库结合起来就形成了综合决策支持系统,它是更高级形式的决策支持系统[44]。

⑤ 基于网络技术的 IDSS,又包括分布式决策支持系统(Distributed Decision Support System,DDSS)、群体决策支持系统(Group Decision Support System,GDSS)等。

分布式决策支持系统是随着计算机技术、网络技术以及分布式数据库技术的发展与应用而发展起来的。从架构上来说,DDSS 由地域上分布在不同地区或城市的若干个计算机系统所组成,其终端机与大型主机进行联网,利用大型计算机的语言和生成软件,系统中的每台计算机上都有 DSS,整个系统实行功能分布。决策者在个人终端机上利用人机交互,通过系统共同完成分析、判断,从而得到正确的决策。DDSS 的系统目标是把每个独立的决策者或决策组织看作一个独立的、物理上分离的信息处理节点,为这些节点提供个体支持、群体支持和组织支持。DDSS 是分布决策、分布系统、分布支持三位一体的结晶[45]。DDSS 技术可将大型复杂问题分化成多个子问题,使系统易于开发和管理,同时,各子系统并行工作可提高整个大系统的求解效率和速度,有助于增强系统的可靠性、问题求解能力、容错能力和不精确知识处理能力[39]。

群体决策支持系统[23]是指在系统环境中,多个决策参与者共同进行思想和信息的交流以寻找一个令人满意和可行的方案,但在决策过程中只由某个特定的人做出最终决策,并对决策结果负责。它能够支持具有共同目标的决策群体求解半结构化的决策问题,有利于决策群体成员思维和能力的发挥,也可以阻止消极群体行为的产生,限制了小团体对群体决策活动的控制,有效地避免了个体决策的片面性和可能出现的独断专行等弊端。群体决策支持系统是一种混合型的 DSS,允许多个用户使用不同的软件工具在工作组内协调工作。GDSS 大多采用分布式和分散式结构,系统支持"水平方向"分布式处理,即支持对数据对象的远距离操作;系统还支持"垂直方向"的分散式处理,即通过在用户和各应用层之间的接口,来实现各个应用领域的功能[45]。

2.3 国内外政务信息资源主题化应用服务现状

信息资源是一个国家和社会的重要财富,政务信息资源是国家各类信息资源的核心构成,其建设与应用水平直接关系到政府的行政和服务能力,关系到营商环境、企业竞争力,甚至关系到公民素质。政务信息资源开发利用对于我国的经济增长、社会进步、科技水平提高、综合国力的增强乃至国家安全,都有着重要的意义[17]。政务信息资源主题化应用服务是实现政务信息资源开发利用的重要方式。

政务信息资源主题化应用服务的主要服务方式包括政府门户网站[46]、行业主管部门的专题信息服务平台、面向领域决策的专题信息分析服务系统等。

(1) 政府门户网站

政府门户网站是指在各政府部门的信息化基础上,建立起跨部门、综合的业务应用系统,使普通公民、企业与政府工作人员都能快速、便捷地获取所需的政务信息资源服务。

政府门户网站的特性如下。

① 政府门户网站有赖于各政府部门已有的信息化基础条件,需要各政府部门具备较为完善的内部办公与业务信息化管理应用系统,具有相对数量的数字化的政府业务信息和资源信息。

② 政府门户网站不仅是政府部门信息发布的总平台,也是政府部门集中对外提供服务的总平台。

③ 政府门户网站是知识加工、获取的平台,它使政府各部门办公人员之间的信息共享和交流更加流畅,通过数据资源整合使零散的信息成为知识。

④ 政府门户网站区别于其他网站的关键是后台整合,通过"前台-后台"关系建立政府门户网站与各政府网站之间的联系,然后通过强大的搜索引擎,快速、便捷地获取所有政府网站的信息。

在国际上,美国、加拿大、英国等国家的政府门户网站的发展具有典型性,包含着电子政务环境下政府行政管理与服务的制度创新。利用互联网和信息技术重新架构政府、企业和公民三者之间的互动关系,围绕社会公众的信息需求,规划设计门户网站的总体框架和流程。

美国政府的门户网站已经建立得相当成熟。从政府行政管理层次上来看,美国政府可以划分为联邦、州与市县三级。由于实行联邦制,三级政府在许多的行政事务管理方面相对独立,因此政府门户网站也就划分为这样三级。各级政府门户网站的服务内容并不相同,彼此之间存在着明确的分工。联邦一级的政府门户网站是"第一政府"网站,网站设计从最初的信息发布平台向交互办事平台转变,成为美国政府对社会和公民提供网上服务的枢纽。"一站式"设计使用户可以方便地访问所有在线的政府办事项目、服务项目和其他信息。

加拿大政府的门户网站从2001年开始,改变过去按照部门或机构职责来划分和组织信息的形式,而是以信息用户为中心,依据信息用户的期望与使用优先度,设计了三个主要的入口(Gateway):加拿大公民、企业、非加拿大公民和国际用户。在加拿大公民入口网站,加拿大公民可以很快地找到经常需要的信息与服务,如所得税、就业保险、就业检索、申请和更新护照、养老金和医疗等;在企业入口网站,加拿大企业可以进入"在线评估""市场趋势""技术资源""怎样写商业计划书""税收""融资""就业""进出口""登记注册"等9个快速链接,通过链接企业可以找到从公司开办到雇佣、缴税、融资、出口、网上投标、专利申请、统计报表等信息;在非加拿大公民和国际用户入口网站,外国学生、工人、旅游者和商人可以找到所需的诸如做生意、移民申请、旅行等不同信息。

英国政府的门户网站由"英国在线"网站和"政府虚拟门户"网站组成。其中,"英国在线"网站不仅将上千个政府网站连接起来,而且把政府业务按照公众需求进行组合,使公众能够全天候地获得所有政府部门的在线信息与服务。该网站内容分为五大块:生活频道、快速搜索、在线交易、市民空间、新闻天地。"生活频道"向用户提供11个主题服务,用户无须考虑各政府部门的职责和分工,其他各大块也都包括众多主题的服务内容。

在国内,我国政府的门户网站建设始于1999年,据调查,2000年年底我国以GOV结尾的站点数仅为2 400个,到2002年年底增长到6 148个,而到了2004年12月达到16 326个。这些网站涵盖党政系列、人大、政协、高法高检、民主党派、群众组织等各个类别。政府门户网站的主要内容包括政府形象宣传、信息发布、招商引资、网上办公、公众服务、民主监督等。2004年起,中央政府门户网站启动建设,在总体规划设计上贯彻需求导向的基本指导思想,按照"企业和公民的生命周期"梳理出上百项系统化服务。同时,中央各政府部门的门户网站建设水平也在摸索中有所提高,一些地方政府在政府门户网站的建设与应用方面取得了较大的进步,比如北京、上海、广州等城市的门户网站建设已经从简单的信息发布向提供各类业务服务升级,实现了部分业务部门之间信息资源的互联互通,而且开始办理网上审批、网上申报等事务,将门户网站作为密切政府与公众关系的新突破口。

(2) 行业主管部门的专题信息服务平台

面向企事业单位、个人的需求,我国各行业主管部门立足本行业的数据资源,基于各自门户对外提供各类专题信息服务平台,例如,比较典型的自然资源部"不动产登记信息管理基础平台"。2018年以来,该平台逐步形成以下3种不动产登记信息服务方式。

向相关部门提供不动产登记信息查询。自然资源部先后与最高人民法院、国家税务总局、公安部、民政部、司法部、银保监会、国家市场监督管理总局等部门通过"总对总"方式建立了信息共享机制,并积极推进与国家政务服务平台对接,在法院办案、社会精准救助、个人所得税减免、公安案件侦破、企业营业执照申办等诸多业务办理中广泛应用,在线用户超过5万人次,日均服务量20万次左右,在国家财税政策和社会救助政策落实等方面发挥了重要作用。

向社会公众提供不动产登记信息查询:主要是指市、县不动产登记机构通过不动产登记窗口、自助机、互联网等方式为权利人和利害关系人提供不动产登记信息查询服务,并出具在本地有房(或无房)登记证明。

为不动产登记机构提供相关部门共享信息。自然资源部与公安、民政、市场监管等多个部门逐一对接,采用国家级"总代理"方式为全国市、县不动产登记机构共享相关部门信息提供通道。

此外,对外提供的专题信息服务平台还有民政部的全国民政政务信息系统、中国·国家地名信息库、全国行政区划信息查询平台等,司法部的国家行政法规库,人社部的国际组织人才信息服务网,自然资源部的天地图国家地理信息公共服务平台、全国地理信息资源目录服务系统、国土调查成果共享应用服务平台等,生态环境部的国家地表水水质自动监测实时数据发布系统、海水水质监测信息公开系统、空气质量预报信息发布系统等,农业农村部的生猪产品信息、耕地质量保护与建设等专题平台,海关总署的中国对上合组织成员国贸易指数等。

(3) 面向领域决策的专题信息分析服务系统

随着计算机和网络技术的不断发展,经济领域、自然资源方面、电力行业等面向决策的专题信息系统的建设和应用屡见不鲜,且已日益成为各领域解决复杂问题和制定有效决策的关键工具。

① 经济领域:在"数字经济"的国家战略背景下,国务院办公厅汇集地方部门的数据资源和专业部门的分析模型,构建了经济监测预警系统,从经济总量和增长、工业生产、国内贸易、国内投资、对外贸易等多维度监测国家经济运行情况,分析国家经济的晴雨表,为领导决策提供了信息支撑;江西省信息中心汇聚不同业务领域、不同数据结构、不同数据源的政务共享数据,构建了江西省宏观经济大数据分析系统,为相关政府部门以及行业、企业等不同类型用户提供及时、全面、准确的宏观经济信息,形成了基于大数据分析的集实时监测预警和智能预测为一体的江西省宏观决策支撑体系[47]。

② 在自然资源方面,有汇集湖北省土地、国土空间规划、不动产登记、矿产、地质灾害、测绘地理信息、林业、资源执法等数据指标的自然资源统计分析与辅助决策系统[48],该系统主要实现了指标展示与查询、专题分析、关键指标预警、矿权分析、用地分析等功能。

③ 在电力行业,有用于电网故障处置、电网智能调度的辅助决策系统。例如陶文伟等人设计开发的用于某市级基于数据挖掘的智能电网故障处置辅助决策系统[49],该系统包括信息生成、信息处理、告警信息展示、故障处

置辅助决策、在线离线分析、信息查询等功能模块,实现了业务数据、辅助决策模型的集成应用。

此外,还有众多用于资源环境承载力评价、国土空间开发适宜性评价的辅助领导决策的专题信息系统,如李磊等人设计开发的海岸带陆海统筹"双评价"辅助决策信息系统[50],该系统在整合土地资源、水资源、气候、环境、生态、灾害等多源异构数据的基础上,建立了空间分析计算模型,实现了单要素资源环境数据、多要素资源环境数据进行叠加、运算、评价、成图以及不同尺度的评价成果展示,简化了评价流程,降低了专业性要求,可满足政府相关领域决策的需要。

2.4 政务信息资源主题化应用服务构建技术及工具现状

政务信息资源主题化应用服务的实现需要相关信息化技术和工具的支撑,主要包括信息资源数据存储管理、信息资源整合治理、微服务、知识图谱构建、可视化展示等技术和工具。

(1) 信息资源数据存储管理技术

政务信息资源数据具有海量、多源、格式多样、类型复杂等特征,为充分发挥政务信息数据的应用价值,有效稳定的存储技术已成为领域内的研究热点[51]。政务大数据存储技术可分为键值存储、面向列存储、文件存储、图存储和云存储五种类型[52]。政务数据存储在政务大数据管理中作为中间层的支撑角色,正逐步从本地直连向网络化、分布式方向发展[53]。随着数据规模的不断扩大,云存储技术正处于快速发展的阶段[54]。

(2) 信息资源整合治理技术和工具

政务数据来源广且收集标准不统一,导致获得的政务数据存在信息源多样化、结构差异大、对齐难等问题[55]。因此,政务数据整合治理技术在政务数据开发应用中至关重要。信息资源整合治理是指对在不同区域、管理单元中分散存储和管理的各类信息资源,通过一定的方法和手段,将其联结成一个结构有序、管理一体化、配置合理的有机整体的过程。信息资源整合治理技术主要有:CORBA 技术、中间件技术、开放链接技术、XML 元数据层技术、知识本体、Web Service 体系构建等技术[56]。近年来,市场上面向政府的信息资源整合治理平台工具产品众多,大多包括数据搜索发现、数据管理、数据治理工具集、元数据管理、数据目录等模块,是在理想数据源的条件下进行适配的标准化产品。

(3) 微服务技术和工具

微服务架构最早由 Martin Fowler 与 James Lewis 于 2014 年共同提出,它是一种使用一套小服务来开发单个应用的方式。每个服务运行在自己的进程中,并使用轻量级机制通信,这些服务基于业务能力构建,并能够通过自动化部署机制来独立部署。这些服务使用不同的编程语言实现,以及使用不同的数据存储技术来保持最低限度的集中式管理。几乎任何现代工具或语言都可以在微服务体系结构中使用,但仍有一些核心工具是微服务必不可少的。

容器:Docker 容器没有自己操作系统的开销,比传统虚拟机更小、更轻,并且可以更快地上下旋转,使其与微服务架构中更小、更轻便的服务完美匹配。

API 网关:可以实现客户端和服务之间的直接通信,随着应用程序中服务数量的不断增长,API 网关是有用的中介层。API 网关通过路由请求,将请求散布到多个服务中,并提供额外的安全性和身份验证,充当客户端的反向代理。

无服务器:无服务器架构将某些核心云和微服务模式纳入其逻辑结论。在无服务器的情况下,执行单元不仅是一个小型服务,而且是一个功能,通常只是几行代码。无服务器与微服务之间的界限模糊,但通常认为其功能甚至比微服务小。

(4) 知识图谱构建技术和工具

知识图谱(Knowledge Graph)最早是为了实现具有更高检索效率的搜

索引擎。随着智能技术的发展,知识图谱也成为智能搜索、智能用户问答、个性化推荐等诸多人工智能领域的关键技术之一。知识图谱构建技术和工具通常包括知识建模、知识融合、知识抽取、知识存储与管理等,相关技术研究主要围绕知识图谱技术方法论、知识图谱跨学科实践应用开展[57]。构建知识图谱需要众多知识处理技术,根据数据来源的不同分为自顶向下和自底向上两种方式[58]。

(5) 可视化展示技术和工具

可视化展示技术在电子政务、信息化、人工智能等领域占有重要地位。将抽象数据进行可视化展示,可以加强人们对数据的认知,提高数据获取效率。目前,国内外的可视化工具层出不穷,比如知识图谱、可视化分析软件 CiteSpace、PlantData 等,以及 ECharts 数据可视化、Python 等的第三方工具包 Matplotlib,都可以实现数据的可视化[59],直观、全面、高效地发现数据背后的知识、规律、发展趋势等。

此外,政务信息资源主题化应用服务的实现还需要网站平台设计、内容组织、Web 服务等技术和工具的支撑。网站平台设计主要包括页面 UI 设计和开发,目前主要有 ASP、ASP.NET、JSP、PHP、CSS、XML、Dreamweaver、FrontPage、.NET 等开发工具,Photoshop、Fireworks、Adobe Illustrator、Flash 等图形设计工具。内容组织是在专题系统建设中对信息内容进行选择、分析、整理、归类、描述、记录的过程,主要技术工具包括信息分类编目、数据关联映射、站点地图、思维导图、在线图表等工具。Web 服务适用于程序整合、不同业务的整合,以及通过 Web 进行客户端和服务器通信,电子政务领域是 Web 服务的典型应用。在电子政务中,采用 Web 服务技术可以解决应用程序整合、不同业务不同应用领域的整合两个问题[58]。构筑 Web 服务的主要技术有 XML Schema、SOAP、WSDL 和 UDDI,它们都是完全基于新一代因特网技术 XML 的。

第3章　政务信息资源主题化应用服务构建思路

3.1　政务信息资源主题化应用服务目标

政务信息资源主题化应用服务是指从海量多源异构的政务信息资源中，利用信息资源整合工具构建知识化、主题化的信息资源应用体系，利用人工智能、大数据分析、数据挖掘等工具，从海量数据中发现事务的内在规律和发展变化趋势，运用可视化展示工具将枯燥的文字、统计数据、地理数据等以直观、形象的地图、图表等方式表达出来，为决策机构的领导和相关业务人员面向领域决策提供主题化的信息服务，从而提高决策的科学性。

3.2　政务信息资源主题化应用服务构建原则

政务信息资源主题化应用服务构建需要把握以下几个原则。

（1）指标体系化

信息资源主题化应用服务，需要体系化的数据指标支撑。完整的数据指标体系基本涵盖该主题领域的各方面,可以全面量化该主题领域的状况、监测其发展变化。体系化的数据指标由一系列的经过专业筛选和定义的指标组成。

(2) 分类专业化

主题化应用中数据指标的分级分类必须专业化,符合相关专业领域要求。要构建一个科学合理的主题化应用服务数据指标分类体系,必须具备相关领域的专业知识,或在相关领域专家的指导下完成。比如要反映经济增长,专业人士首先想到的是国民经济的"三驾马车"——投资、消费和出口,那么相应的数据指标分类必须包括财政支出、固定资产投资、社会消费、物价、对外贸易等。

(3) 分析模型化

主题化应用服务在提供反映事务现状的信息服务的同时,应尽可能地为决策者提供数据、信息背后深层次的因果信息,包括内在规律、变化趋势、预测预警等。分析方法主要有发展趋势分析、分布格局分析、聚类关联分析和预测预警分析等,因此构建专业分析模型、固化分析参数,有助于持续提供信息分析服务。

(4) 展示直观化

主题化应用服务最终呈现给用户的内容要简捷、直观,使用户可以快速读懂、理顺服务所表达的内在涵义。这要求主题化应用服务内容组织逻辑清晰、数据指标图形化表达,面向政务决策领域应用场景,以图表可视化、地图可视化、知识图谱、多媒体可视化等方式展示各类数据指标。

(5) 更新持续化

这里的更新持续化有两个含义:一是主题化应用服务的相关指标的数据资源能持续更新,以保证数据的连续性、现势性和鲜活性;二是主题化应用服务的领域分析模型要根据数据指标、政策变化等不断进行调整,以保证分析结果的准确性和科学性。

3.3 政务信息资源主题化应用服务构建流程

政务信息资源主题化应用服务构建是一个汇聚零散的数据资源,通过数据汇聚与整合治理、专题服务模块规划、数据指标设计、专题构建,实现信息资源知识化管理、指标与数据动态关联、专业化模型分析、可视化展示、个性化用户服务的过程。专题构建流程如图 3-1 所示,包括数据治理、专题规划、专题服务构建和评估评价四个部分。

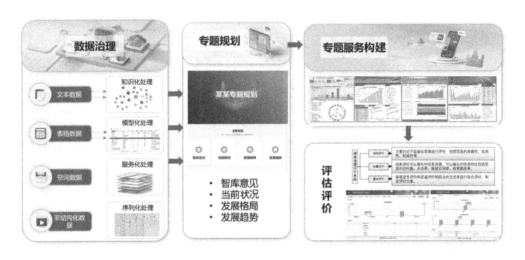

图 3-1　专题构建流程

数据治理实现对所有汇聚的主题相关的数据资源进行整合处理,一是为了准确高效地提取符合主题的信息,二是为了实现多源数据资源的时空一致性,三是保证数据可持续更新,四是便于对数据进行深入分析和直观展示。

专题规划主要是从专业化角度,在充分考虑数据支持的情况下,设计能反映服务领域主题的功能模块、相关的体系化数据指标。每一类指标对应服务专题的一个栏目,通过栏目展开可下钻更加详细的信息内容。专题规划也要同时考虑服务专题的 UI、页面布局等。

专题服务构建是指在数据资源整合治理的基础上,利用交互式的服务功能定制工具,实现数据资源与信息分析工具、可视化展示工具之间的动态关联,完成专题发布,为用户提供在线信息服务。专题可视化是对专题栏目以及栏目下的每个条目进行动态可视化。

评估评价是指依据某种目标、技术或手段,对用户使用的信息,按照一定的程序,进行分析、研究,判断其效果和价值的一种活动。政务信息资源主题化应用服务评估评价的主要目的是分析研究用户的需求、评价信息服务成效,为优化信息服务提供支撑。

3.3.1 数据治理

政务信息资源主题化应用服务构建需要规范化、体系化、专业化、动态化的数据资源,因此,必须对搜集的数据资源进行整合治理,包括文本数据(DOC、PDF、WPS、HTML 等常见文件)、表格数据(人口、法人、经济、贸易、就业等统计数据)、空间数据(不同比例尺矢量数据、不同分辨率影像数据,以及可空间化的表格数据)、多媒体数据(视频、音频等)等。

(1) 文本数据整合治理

文本数据是政府部门履职过程中产生的重要数据资源,包括办文、办事、办会形成的文件,还包括各级部门发布共享的文件,以及专家智库提供的各种文件,是政府部门决策可利用的重要知识资源。

文本数据整合治理的目的是对不同来源、不同主题的文本数据进行分类处理,实现海量文本数据的动态标引、基于主题化目录的自动分类管理,便于主题化应用服务专题构建中的文本提取关联、信息检索、信息推荐。文本数据整合治理过程如图 3-2 所示。

政务信息资源主题化应用服务构建思路 第 3 章

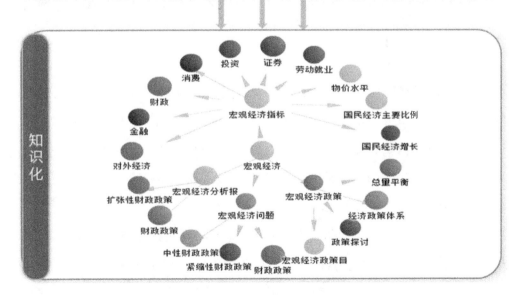

图 3-2 文本数据整合治理过程

文本数据整合治理主要包括如下几个方面。

① 数据清洗：对收集到的数据进行处理，包括删除无用信息、去除垃圾数据、去除重复数据等。

② 语义分词：基于词典、基于统计的机器学习等方法，将文本数据中的语句、短语进行分词处理，并用空格或其他标点符号进行标引，便于后续的数据应用处理。

③ 文本挖掘处理：进行文本分类、情感分析、主题分析、实体抽取等自然语言处理技术处理。

④ 信息资源目录构建：根据相关的国家或行业标准，以及本领域的专业知识，构建信息资源目录，信息资源目录构建的原则包括体系化、专业化、全覆盖、无重复等，信息资源目录可根据需要分多级，每个目录需要注明关键标签，如主题、情感、关键词等。

⑤ 文本与目录关联：根据目录和每个文本的标签信息实现文本文件与资源目录的自动关联，这样既可以了解每个目录下的文本文件，又可以确保每个文件都能归属于相应的资源目录。如果有必要，可以逐步修改并完善资源目录。

(2) 表格数据整合治理

表格数据是政府部门履职过程中产生的重要统计数据资源，既包括人口、法人、税务、贸易、社会保障等统计数据，也包括其他各级部门共享的统计数据，如居民消费价格指数、社会消费品零售总额等，还包括智库或第三方提供的各种统计数据，如用电用水数据、运营商信令数据等，这些数据资源是政府履职、决策的重要依据。

表格数据整合治理的目的是对不同来源、不同主题的统计数据进行合理分类、统一量纲、建立数据关联，并按照主题建立用于多维分析的数据立方体。数据立方体是凌驾于数据存储层和数据库系统之上的，通过数据立方体解析，可以大大地提高数据查询和检索的效率，让系统平台具备数据实时入库、实时查询、查询结果实时传输等优势。数据立方体也可以作为联机分析、关联分析等分析模型的输入,便于快速分析数据内部的趋势、关联等。表格数据整合治理过程如图 3-3 所示。

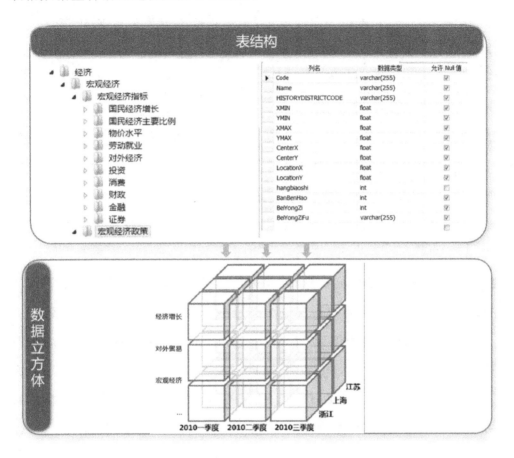

图 3-3　表格数据整合治理过程

表格数据整合治理主要包括如下几个方面。

① 数据清洗:对收集到的表格数据进行处理,包括删除无用信息、去除垃圾数据、去除重复数据等。

② 分类:按照表格数据的主题内容进行分类处理,分类的方法参考文本数据分类。

③ 标注关键字段:对表格数据进行分析,明确时间、区划、主题等字段,建立数据主键,为构建数据立方体奠定基础。

④ 构建数据立方体：根据领域知识和要表达、分析的问题，构建不同主题的数据立方体。数据立方体通常以时间为第一维度，区划为第二维度，主题为第三维度，主题指标为第四维度，主题指标内容为第五维度，考虑到效率，构建的立方体维度一般不超过五个维度。

（3）空间数据整合治理

地理空间数据库是政务信息国家六大基础数据库之一。地理空间数据是信息表达的空间基础，可为政务信息资源基于地理信息的直观展示提供基础支撑。地理空间数据主要包括基础地理空间数据和专题地理空间数据。基础地理空间数据是由自然资源主管部门组织完成的、覆盖全国的、不同比例尺不同精度的测绘成果数据，包括矢量、影像、栅格、数字高程模型（Digital Elevation Model，DEM）等数据类型。政务专题地理空间数据是政务专题信息定位后的空间数据，如主体功能区规划、人口、法人等空间化后的数据，政务专题空间数据以矢量数据为主，有的政务数据定位到区划。

空间数据整合治理的目的是对不同来源、不同类型、不同精度的地理空间数据实现时空基准一致化处理、数据精度融合、数据分类管理，最终形成符合国际和国家标准的地理信息数据服务，供主题化应用服务专题构建调用。常用的地理信息标准服务主要包括 WMS 服务（OGC 的 Web 地图服务）、WFS 服务〔OGC 的 Web 矢量（要素）服务〕、WCS 服务（OGC 的 Web 栅格服务）、WMTS 服务（OGC 的 Web 地图瓦片服务）。空间数据整合治理过程如图 3-4 所示。

根据不同类型、不同格式的地理数据，通过空间数据整合治理形成一种标准的地理信息数据服务的流程（如图 3-4 所示），主要包括如下几个方面。

① 数据清洗：对收集到的地理数据或含有位置信息的政务数据进行时空标准、空间化处理，包括删除无用信息、去除垃圾数据、坐标转换、投影变化、坐标匹配等。

② 数据分类管理：构建地理空间数据的数据资源目录，一般分为矢量数

据、影像数据、栅格数据、三维模型数据和政务数据五大类,然后根据范围、时间、主题逐一进行子类设置。

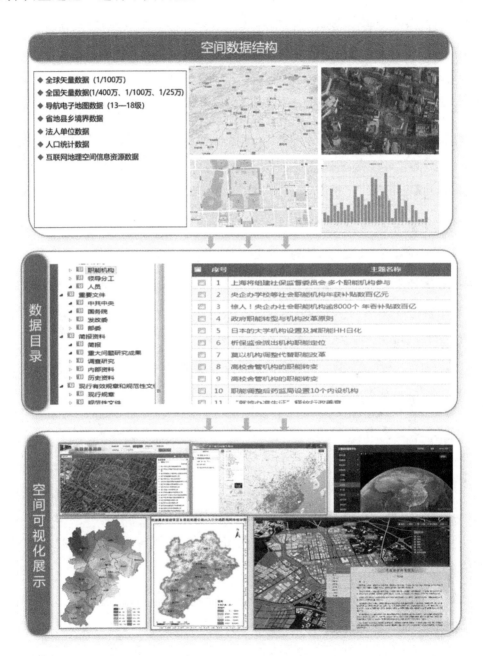

图 3-4 空间数据整合治理过程

③ 标准化数据服务构建：根据国际和国家的地理信息数据服务标准，采用专业地理信息数据处理软件，对每一个地理空间数据进行数据切片、索引构建、标准化数据服务构建。矢量数据构建成 WMS 格式的服务，影像数据构建成 WMTS 格式的服务，政务数据以构建成 WFS 格式的服务为主。

④ 数据服务发布：数据服务构建之后，按照目录同时把标准服务发布出来，供专题构建时按需调用，以支撑以地图为基础的专题数据指标空间格局分布展示、空间关联分析、空间聚类分析。地理空间数据可单一服务调用，也可以多个空间数据服务叠加应用，如以影像图为底图，叠加矢量数据，再叠加专题地理数据。

（4）多媒体数据整合治理

多媒体数据主要是政府部门履职过程中产生的视频、音频、图像等数据资源，既包括办文、办事、办会形成的数据，也包括各级部门共享发布的相关数据，还包括专家智库提供的各种数据文件，是一种政府决策可利用的重要知识成果。多媒体数据整合治理过程如图 3-5 所示。

多媒体数据如果数据规模有限，可以直接归类到文本信息资源目录进行管理，如果数据规模较大，需构建专门的媒体数据服务，就需要对不同来源、不同主题的多媒体数据进行独立分类管理，并实现基于主题词的多媒体数据文件按照标签自动归类于不同的分类目录，便于在专题构建中自动关联需要发布的视频、音频。

多媒体数据整合治理的过程主要包括如下几个方面。

① 数据清洗：对收集到的数据进行处理，包括删除无用信息、去除垃圾数据、去除重复数据等。

② 数据标引：根据多媒体文件的时间、标题、类别、描述性信息、内容识别等提取关键词信息，对数据文件打标处理，便于数据与资源目录动态挂接。

③ 根据相关的国家或行业标准，以及本领域的专业知识，建立多媒体信息资源目录，资源目录建立的原则包括体系化、专业化、全覆盖、无重复等，

资源目录可根据需要分多级,每个目录需要注明关键标签,如主题、情感、关键词等。

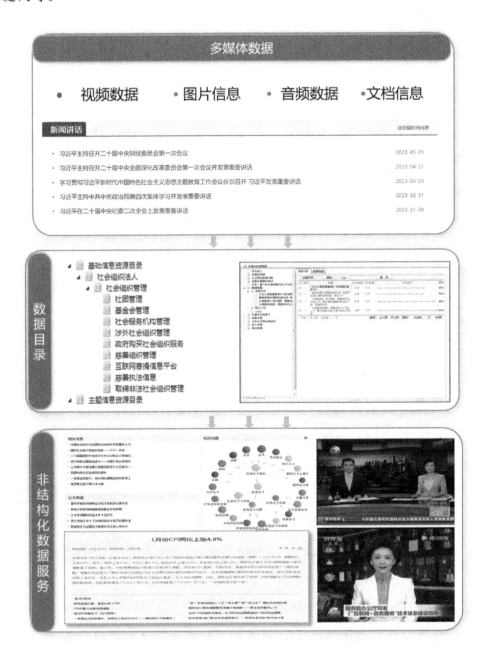

图 3-5　多媒体数据整合治理过程

④ 根据多媒体信息资源目录和每个多媒体文件的标签信息，实现二者的自动关联，便于专题构建中基于资源目录的多媒体信息应用与发布、智能搜索、信息推荐、媒体信息展示。

3.3.2 专题规划

主题化应用服务要达到指标专业、展示直观、操作简单的使用效果，首先需要对应用服务的数据指标、服务专题功能模块和系统页面布局进行规划。数据指标规划是指实现主题化应用服务数据指标的体系化、专业化和知识化。服务专题功能模块和系统页面布局规划是从UI角度实现应用服务内容的重点突出、布局合理、结构清晰的效果，通过各种简单易行的操作完成从宏观到微观、从整体到局部、从综合到具体的信息应用服务过程。

（1）数据指标规划

主题化应用服务数据指标规划是为了给用户提供体系化、知识化的信息服务，在进行数据指标规划设计时，应遵守以下原则。

① 目标明确。在规划数据指标时，首先需要明确主题化应用服务的目标、目的和服务对象，明确每一个数据指标的设置是为什么、为谁，它要衡量和反映的是什么主题，它要传达给用户的是什么知识体系。

② 指标可量化性。指标需要具有可量化性，即能够通过数据来量化和衡量。这样才能够对指标进行监测和评估，从而及时发现问题并采取措施。

③ 指标可比性。指标需要具有可比性，即能够与其他指标进行比较。这样才能够更好地了解自己的表现和优劣之处，从而找到改进的方向。

④ 简洁明了。指标需要简洁明了，不要过于复杂和烦琐。这样才能够更好地被理解和应用，避免出现误解和混淆。

⑤ 可操作性。指标设计要依据预处理的数据情况实事求是地确定，不能为了美观或其他目的，设计不可实现的指标，造成指标空化，反而引起用户的不满。

数据指标规划设计的路径选择思路主要有两种。一种选择思路是先由业务发起再去匹配数据,即优先考虑理论上最能表现业务的指标设计,然后匹配数据,最后视数据匹配情况做适当的指标裁减。另一种选择思路是先由数据发起再去匹配业务,即先考虑数据情况,根据数据情况分析其能够体现什么业务,并设计相应的指标。这两种选择思路无所谓孰优孰劣,可根据项目情况和客户态度进行选择。

指标设计要闭环。所谓闭环,就是将一件事情讲清楚、讲完整。指标设计可以理解为描述一件事情,要想让客户听得明白,需要将是什么、为什么、怎么样、怎么办讲清楚、讲完整。"是什么"是当前状态,"为什么"是说明原因,"怎么样"是发展趋势,"怎么办"是给出建议。

以宏观经济运行主题化服务为例,按体系化和专业化要求,将宏观经济数据指标分为经济增长、物价水平、对外经济、投资、金融、消费、财政、证券、土地供应等9大类(也是该主题的一级分类),也就是9大栏目。然后继续对一级指标进行二级指标规划,二级分类中经济增长包括国内生产总值、工业增加值、产品销售率等;物价水平包括CPI、生产资料、食品价格、金价等;对外经济包括进出口总额、外商投资项目、利用外资额等;投资主要包括城镇固定资产投资;金融包括货币供应量、金融机构存贷款、居民存款、汇率等;消费包括社会消费品零售总额;财政包括财政收入和财政支出;证券包括当日收盘和当日成交额;土地供应包括建设用地供应和土地出让等。通过这种多级指标分类,可以既覆盖全部指标,又合理分类,便于用户关注自己感兴趣的指标,并可以逐级展开。宏观经济运行专题信息服务数据指标规划如图3-6所示。

(2) 服务专题功能模块和页面布局规划

主题化应用服务需要丰富的信息资源支撑,要想合理布局,使得主题化应用服务主题突出、条理清楚、结构明晰,主题化应用服务的功能模块和页面结构布局就显得异常重要。主题化应用服务的布局规划通过以下几个方面来实现。

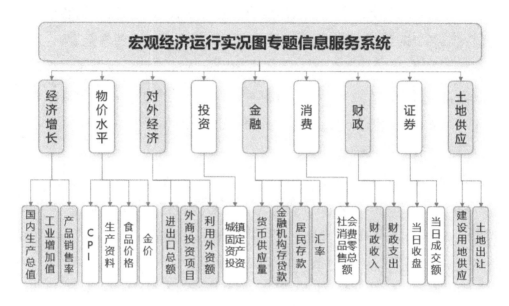

图 3-6 宏观经济运行专题信息服务数据指标

首先是空间设计，通过空间布局设计突出专题系统重点模块和指标。把一个主题描述清楚所涉及的信息量是很丰富的，一次性将这些信息和盘托出会让用户感受不到重点，因此在数据指标展示设计时应该优先考虑空间上的延展，也就是纵向分层、逐步体现。应该把最核心的业务指标作为首层模块进行展示，当用户相对轻松地接收到这些信息时，这就为用户带来了价值，如果用户由此产生进一步的探究意愿，可以通过下钻的方式将更多层次的信息逐步呈现在用户面前，直到用户的探究意愿消失为止。比如在宏观经济运行情况中，一级分类可以放在标题栏醒目位置，既可以让用户清楚分类，又可以让用户点击查看对应的信息，逐级下钻。

其次是时间设计，通过基于时间轴的重要指标信息展示方案设计，实现事物的发展变化、当前状态和未来趋势的全面体现。例如数据立方体中的数据代表过去，通过对过去数据的分析我们可以知道事物的发展过程，通过对当前数据的分析我们可以知道业务的当前状态，基于此还可分析并预测业务未来的状态。对应到图表可视化中可以考虑将过去的数据用实线表示,将预测的数据用虚线表示,从而通过时间轴集中体现业务的过去、现在以及未来,有利于将业务发展趋势表达清楚。

最后是 UI 设计,UI 即 User Interface(用户界面)的简称,UI 设计是指对系统软件的人机交互、操作逻辑、界面的整体设计。UI 设计分为实体 UI 和虚拟 UI,互联网常用的 UI 设计是虚拟 UI。专题 UI 的主要元素是地图、图表、数字等。针对地图,考虑数字孪生和实景三维发展的趋势可以将平面地图逐步升级为三维地图。针对图表,设计时需要考虑多样化和交互性。针对数字,最核心的指标通过数字表示,简单直观。好的 UI 设计不仅可以让专题系统变得有个性、有特色,还可以让专题系统变得操作简单易用、信息内容逻辑清晰,充分体现专题系统的定位和特点。

3.3.3 专题服务构建

专题服务构建是指实现信息资源与分析工具、可视化工具之间的动态关联,完成基于应用支撑工具的数据关联、知识化表达,为用户提供在线信息服务。

按照数据类型,专题服务主要包括如下模式。

(1)文本数据:文本数据常见的服务方式包括知识地图、智能检索、关联阅读和文本展示等,主要是为了基于文本数据开展知识化的信息服务。

(2)表格数据:表格数据常见的服务方式包括数据表格化展示、数据图形化展示(如直方图、饼图、折线图等)、数据探索分析、深度分析等。

(3)空间数据:空间数据的服务方式包括单一空间数据可视化、多层空间数据聚合可视化、空间数据与专题数据聚合可视化、空间分析可视化等。

(4)非结构化数据:主要包括视频和音频,服务方式包括嵌入展示和超链服务展示两种。

(5)综合模式:对以上几种服务方式进行融合,形成综合模式。一是文本、空间、视频混排,集成体现主题内容;二是空间数据叠加表格数据,空间化展示主题信息;三是空间数据叠加非结构化信息,视频信息与空间信息融合。

3.3.4 评估评价

评估是指依据某种目标、技术或手段,对用户使用的信息,按照一定的程序,进行分析、研究,判断其效果和价值的一种活动,通常对某一事物的价值或状态进行定性定量的分析说明和评价。评价就是在评估的基础上,对事物的准确性、实效性、经济性以及满意度等方面进行评估的过程。

评估评价机制是为了对某个事物进行全面、科学、客观、公正的评估和评价,从而为决策提供重要依据的一种机制。在现代社会中,评估评价机制广泛应用于政府、企业、学校、医院等各个领域。评估评价机制的核心在于其科学性和客观性。科学性要求评估评价过程中必须遵循一定的方法论和规范,包括制定评估标准、确定评价指标、采集数据、分析数据等方面;客观性则要求评估评价过程中不能受到主观偏见的影响,必须依据事实和数据作出结论。评估评价机制的重要作用在于为决策提供依据。通过对某个事物进行全面、科学、客观、公正的评估和评价,可以得出该事物的优缺点和改进方向,为下一步的决策提供参考。同时,评估评价机制也可以促进事物的不断改进,提高其质量和效益。

专题服务效果评估主要依据系统日志中的访问时间、访问用户级别、访问停留时间、访问方式等。

根据这些日志信息,构建评价算法如下:

$$S(i) = \sum_{0}^{k} \text{Time}(k) \text{Class}(k) \beta(k)$$

其中,S 是每个栏目(指标)获得的总分数;k 是用户访问次数;Time 是每次访问的时间;Class 是根据用户的级别设定的参数,该值可根据实际情况进行设定,参数取值区间为(0,10);β是根据访问方式设定的参数,访问方式可以包括直接访问、间接访问、搜索访问、延伸访问等多种,不同的访问方式设定不同权重。

通过上述评价算法,既可以完成对栏目的评估评价也可以实现对某一条目的评估评价,依据计算结果可以得出用户对政务信息资源主题化应用服务的兴趣度、关注度,并以此为依据对主题化应用服务内容、指标进行调整。

第4章 关键技术

实现政务信息资源主题化应用服务的关键技术主要包括信息资源数据存储技术、信息资源整合技术、微服务技术、知识图谱技术、可视化展示技术等。

4.1 信息资源数据存储技术

信息资源是主题化应用服务的基础,这些信息资源基本上来自政府业务部门信息化平台、互联网商业运营平台、企业运行的数据平台、城市运行平台等。从数据类型上看政务信息资源包括文档类信息资源、结构化表格信息资源、多媒体信息资源、空间地理信息资源和流媒体信息资源等。从数据量上看政务信息资源的数据量都以TB级的速度增长。因此,高效地存储与管理数据,使得上述多源异构海量政务信息资源能够方便高效地为专题构建所利用,选择合理、可靠的存储方式是完成专题构建应用服务的基础。

针对这样的存储要求,当前常用的主流存储技术包括关系型数据库、非关系型数据库、分布式文件系统、大数据存储技术等。

4.1.1 关系型数据库

关系型数据库,是指采用了关系模型来组织数据的数据库(关系模型是1970年由IBM的研究员E.F.Codd博士首先提出的,在之后的几十年中,关系模型的概念得到了充分的发展并逐渐成为主流数据库结构的主流模型),以行和列的形式存储数据,以便于用户理解。关系型数据库这一系列的行和列被称为表,一组表组成了数据库。关系模型可以简单理解为二维表格模型,而一个关系型数据库就是由二维表及其之间的关系组成的一个数据组织。其主要特点如下。

(1)存储方式:数据以表格形式储存,每个表格包括若干行和列,这种结构便于数据读取和查询。

(2)存储结构:数据按照结构化的方式存储,存储数据前需要定义好字段名称、字段类型、字段个数。这种方式有助于保证数据的一致性和可靠性。

(3)存储规范:为了避免重复、规范数据以及充分利用存储空间,关系型数据库按照最小关系表的形式进行存储。

(4)扩展方式:关系型数据库数据操作的效率瓶颈出现在同时维持多张数据表的操作中,而且随着数据表数量的增加,这个问题越发严重,缓解该问题的主要方法是提高计算处理能力,该方法虽然有一定的拓展空间,但拓展空间非常有限,也就是关系型数据库只具备纵向扩展能力。

(5)查询方式:关系型数据库采用结构化查询语言(即SQL,Structure Query Language)来对数据库进行查询管理,这种语言可以方便地实现对数据的查询、更新和删除等操作。

(6)多用户支持:可以同时支持多个用户访问和修改数据,适用于大型和高流量的应用程序。

（7）事务性：支持事务处理，确保数据的一致性和可靠性，在事务处理中，如果出现故障或错误，可以进行回滚操作，撤销已进行的修改。

（8）读写性能：关系型数据库追求数据的实时性和一致性，导致在读写性能方面存在一定的局限性。

目前主流的关系型数据库有 Oracle、DB2、MySQL、Microsoft SQL Server、Microsoft Access 等多个品种，每种数据库的语法、功能和特性也各具特色。

4.1.2 非关系型数据库

非关系型数据库（NoSQL），即 Not Only Structure Query Language。随着互联网 Web 2.0 网站的兴起，传统的关系数据库在处理 Web 2.0 网站，特别是超大规模和高并发的 SNS（Social Network Service，社交网络服务）类型的 Web 2.0 纯动态网站时显得力不从心，出现了很多难以克服的问题，而非关系型数据库则由于其本身的特点得到了迅速的发展。NoSQL 数据库的产生就是为了解决大规模数据集合多重数据种类带来的挑战，特别是大数据应用难题。非关系型数据库有如下优点。

1. 易扩展

NoSQL 数据库种类繁多，但是一个共同的特点是去掉了关系数据库的关系型特性。数据之间无关系，这样就非常容易扩展。无形之间，在架构的层面上带来了可扩展的能力。

2. 大数据量，高性能

NoSQL 数据库都具有非常高的读写性能，尤其在大数据量下，同样表现优秀。这得益于它的无关系性，数据库的结构简单。NoSQL 的 Cache 是记录级的，是一种细粒度的 Cache，所以 NoSQL 在这个层面上来说性能就要高很多。

3．灵活的数据模型

NoSQL 无须事先为要存储的数据建立字段，随时可以存储自定义的数据格式。而在关系数据库里，增删字段是一件非常麻烦的事情。对于一个已经存入大量数据记录的表，增加字段简直就是一个"噩梦"。这在大数据量的 Web 2.0 时代尤其明显。

4．高可用

NoSQL 在不太影响性能的情况下，就可以方便地实现高可用的架构。比如 Cassandra、HBase 模型，通过复制模型也能实现高可用性。

目前非关系型数据库的分类主要包括以下几种。

1．键值型数据库

键值型数据库通过 Key-Value 键值的方式来存储数据，优点是查找速度快，使用场景是作为内存缓存。例如 Redis、Memcached、Apache Ignite、Riak 等。

2．文档型数据库

文档型数据库通常将每个键与被称为文档的复杂数据结构配对。文档可以包含键数组对、键值对甚至嵌套文档，可以是 XML、JSON 等格式。例如 MongoDB、CouchDB、ArangoDB、Couchbase、Cosmos DB、IBM Domino、MarkLogic、OrientDB 等。

3．搜索引擎数据库

搜索引擎数据库针对 RDBMS 全文索引效率低的问题，大量的数据以特定的格式进行存储，其核心原理是引用"倒排索引"。例如 Solr、Elasticsearch、Splunk 等。

4. 列式数据库

列式数据库将数据按照列存储到数据库中，可以大量降低系统的 I/O，适合于分布式文件系统，不足之处在于功能相对有限。例如 HBase 等。

5. 图形数据库

图形数据库是一种存储图形关系的数据库，可以方便地存储复杂关系的数据。例如 Neo4J、InfoGrid 等。

4.1.3 分布式文件系统

分布式文件系统（Distributed File System，DFS）是指文件系统管理的物理存储资源不一定直接连接在本地节点上，而是通过计算机网络与节点相连，也就是集群文件系统，可以支持大数量的节点以及 PB 级的数据存储。常见的分布式文件系统有 GFS、HDFS、GridFS 等。

分布式文件系统把大量数据分散到不同的节点上存储，大大地降低了数据丢失的风险。分布式文件系统具有冗余性，部分节点的故障并不影响整体的正常运行，而且即使出现故障的计算机存储的数据已经损坏，也可以由其他节点将损坏的数据恢复出来。因此，安全性是分布式文件系统最主要的特征。分布式文件系统通过网络将大量零散的计算机连接在一起，形成一个巨大的计算机集群，使各主机均可以充分发挥其价值。此外，集群之外的计算机只需要经过简单的配置就可以加入到分布式文件系统中，具有极强的可扩展能力。

目前最成功的分布式文件系统的实施标准和实现是 Apache Hadoop 的

HDFS 系统，HDFS 是基于谷歌的分布式文件系统进行构造的。它有着高容错性的特点，并且可以用来部署在低廉的硬件上，除此之外它还可以提供很高的吞吐量来支持对应用程序数据的访问。因此，在那些有着超大数据集的应用程序上有着很大的应用空间。HDFS 放宽了对可移植操作系统接口 (Portable Operating System Interface of UNIX, POSIX) 的要求，从而实现以流的形式来访问文件系统里的数据。其特点如下。

① 支持超大文件。这里的超大文件指的是具有几百 MB、几百 GB 甚至几百 TB 大小的文件，目前已经有存储几百 PB 级数据的 Hadoop 集群了。

② 流式数据访问。HDFS 的核心思想是一次写入、多次读取，是目前较为高效的一种访问模式，通常数据集由数据源产生或者从数据源直接复制而来，然后在此数据集上长时间地进行各种分析。每次分析中都会包含该数据集中的大部分甚至全部的数据。

③ 硬件要求低。Hadoop 并不需要运行在昂贵的高可靠性硬件上，其被设计为可以运行在价格低廉的商用硬件集群上。

④ 高时间延迟的数据访问。HDFS 为了适应高吞吐量的应用进行了优化，而这是以牺牲一定的时间延迟为代价的。因此，那些要求较低延迟时间的数据访问应用不适合在 HDFS 上运行。

4.1.4 大数据存储技术

随着政务信息资源数据量以几何级数增长，传统的数据存储技术已经不能满足政务信息资源的存储，大数据存储技术便在这种需求下应运而生。人们利用分布式存储代替集中式存储，用廉价的机器代替之前昂贵的机器，让海量存储的成本大大降低。从 Bigtable 开始，各式各样的存储引擎如雨后春笋般兴起，以下介绍极具代表性的大数据存储引擎。

大数据存储技术路线最典型的共有三种。

第一种是采用MPP(Massively Parallel Processor,大规模并行处理)架构的新型数据库集群,重点面向行业大数据,采用Shared Nothing架构,通过列存储、粗粒度索引等多项大数据处理技术,再结合MPP架构高效的分布式计算模式,完成对分析类应用的支撑,运行环境多为低成本PC Server,具有高性能和高扩展性的特点,在企业分析类应用领域获得极其广泛的应用。

这类MPP产品可以有效支撑PB级别的结构化数据分析,这是传统数据库技术无法胜任的。对于企业新一代的数据仓库和结构化数据分析,目前最佳选择是MPP数据库。

第二种是基于Hadoop的技术扩展和封装,围绕Hadoop衍生出相关的大数据技术,应对传统关系型数据库较难处理的数据和场景,例如针对非结构化数据的存储和计算等,充分利用Hadoop开源的优势,伴随相关技术的不断进步,其应用场景也将逐步扩大,目前最为典型的应用场景就是通过扩展和封装Hadoop来实现对互联网大数据存储、分析的支撑。这里面有几十种NoSQL技术,这些技术也在进一步的细分。对于非结构或半结构化数据处理、复杂的ETL流程、复杂的数据挖掘和计算模型,Hadoop平台更擅长。

第三种是大数据一体机,这是一种专为大数据的分析处理而设计的软、硬件结合的产品,由一组集成的服务器、存储设备、操作系统、数据库管理系统以及为数据查询、处理、分析而特别预先安装及优化的软件组成,高性能大数据一体机具有良好的稳定性和纵向扩展性。

4.2 信息资源整合技术

政务信息资源主题化应用服务离不开数据资源的支撑,面对爆炸式增长的政府内部、外部数据资源,要想对其高效利用,使其真正发挥出对政务信息资源专题构建的数据支撑作用,势必要用到信息资源整合技术,通过信息资源整合技术完成对数据的分层、分类管理,从而最大效用地发挥价值。

政务信息资源主题化应用服务所需要的数据资源从其数据结构上划分一般可以分为文本数据、结构化数据、多媒体数据和空间地理数据等。针对不同的数据类型,其整合的方法、整合后应用的目的也是不同的。

4.2.1 文本数据整合

文本数据主要包括政府内部来往的公文、政府网站上的网页以及政府外部科研工作形成的研究报告等,它的主要类型为 Office 文件格式、网页文件格式或其他文档类型的文件格式。

文本数据整合是指利用全文检索实现多来源、多系统、多数据库的信息汇总整合。文本数据整合的关键是建立信息资源的索引库,通过索引库可以快速定位文本。索引库建立要求如下。

(1) 源数据解析完备

解析源数据时,应根据信息资源的特征识别标题、作者、关键词、日期、摘要、来源、内容、链接地址等基本信息。基本信息不完备时,可根据源数据的特点和检索的需要,补充扩展信息。

(2) 目标文件建立规范

根据解析结果在检索库中建立目标文件,应按照实际情况合理设置数据字段长度,准确选择数据字段类型,并按字段的重要程度划分必选数据字段和可选数据字段。

(3) 源数据与目标文件对应关系明确

建立目标文件时,应明确源数据相关信息与目标文件字段间的对应关系。原则上,源数据基本信息对应目标文件的必选数据字段,源数据扩展信息对应目标文件的可选数据字段,其中必选数据字段不能缺省。

4.2.2 结构化数据整合

结构化数据一般指的是统计数据等以数据表形式组织的数据资源。结构化数据整合是指将不同来源、不同结构的表格数据整合到数据库中,便于数据分析和直观展示。结构化数据整合主要有两种方式,一是按主题组织数据,二是构建多维数据立方体。

(1) 按主题组织数据

① 按主题建库:应根据数据描述的内容按照主题分类建库,做到专库专用。

② 信息完备:每个数据库中应具备数据字典表和数据内容表。

③ 命名规范:数据库、数据表和数据字段命名要规范,名称尽量能表达其含义,长度原则上不超过 30 个字符,数据类型采用通用类型,确保能在常用关系型数据库之间迁移。

④ 内容完整准确:数据内容应保证信息完整,且应与数据来源保持一致。原则上,小数部分保留小数点后两位有效数字。

(2) 构建多维数据立方体

数据立方体是联机分析的数据组织方式,构建数据立方体的目的是为联机分析提供数据支撑,数据组织要求如下。

① 优先选用星型架构,当星型架构不能满足需求时应采用雪花架构。

② 数据维度表符合关系型数据库范式约束,不应出现无关数据。

③ 事实表中的数据应为具有一定颗粒度、层次相同的数据。事实表不应包含汇总数据。

④ 对事实表和维度表中的关键字应创建索引,同一种数据尽可能使用一个事实表。

⑤ 保证数据的参考完整性,确保事实表中所有数据都出现在所有的维度表中,避免事实表中的某些数据在立方体进行聚集运算时无法参与进来。

4.2.3 多媒体数据整合

多媒体数据包括图像数据、音频数据、视频数据等。多媒体数据整合与文本数据整合的方法相似,也是利用全文检索方法实现的。与文本数据相比,多媒体数据的基本信息相对较少,包括多媒体数据标题、关键词、日期和数据来源等描述性信息,多媒体数据整合并不对图像、音频、视频的内容进行解析。

4.2.4 空间地理数据整合

空间地理数据整合是指将不同来源、格式、特征的地理信息数据进行加工、整合处理,实现空间地理数据的一体化管理和共享应用。根据数据类型特点,空间地理数据整合方法分为两类:空间地理数据内部整合和政务信息空间化。

（1）空间地理数据内部整合

空间地理数据内部整合是指将不同时段、不同比例尺、不同类型的空间地理信息数据统一管理起来,常用的空间地理数据类型包括矢量数据、影像数据、DEM 数据、DOM 数据等。具体为:

① 在信息资源空间化基础上,逐条进行标引,为空间相关信息资源增加行政区划编码、规则地理网格编码属性;

② 对于任意目标区域,快速获取区域内多尺度网格列表;

③ 根据地理网格列表,通过地理网格索引提取并合并地理区域内的网格信息资源;

④ 通过超文本与地理信息编辑和图文混合排版,实现多来源、多尺度业务文本、表格信息与地理信息的整合与一体化展示。

(2) 政务信息空间化

政务信息空间化是指通过提取政务信息中隐含的空间信息,采用一定的方法获取空间数据,实现政务信息空间化,从而便于在地图上可视化表达,可采用地理对象关联、统计数据空间化和地理编码等方法。

① 地理对象关联:通过地名关联政务信息和空间地理数据,获取政务信息坐标,实现定位。

② 统计数据空间化:以行政区划为统计单元的统计数据,利用行政区划代码完成统计数据与地理空间数据的关联,实现统计数据空间化。

③ 地理编码:通过地址描述获取地理坐标。

4.3 微服务技术

微服务技术在维基百科上的定义为:一种软件开发技术,面向服务的体系结构(SOA)架构样式的一种变体,它提倡将单一应用程序划分成一组小的服务,服务之间互相协调、互相配合,为用户提供最终价值。每个服务运行在其独立的进程中,服务与服务间采用轻量级的通信机制互相沟通(通常是基于 HTTP 的 RESTful API)。每个服务都围绕着具体业务进行构建,并且能够独立地部署到生产环境、类生产环境等。另外,应尽量避免统一的、集中式的服务管理机制,对具体的一个服务而言,应根据上下文,选择合适的语言、工具对其进行构建。

微服务的特点如下。

① 单一职责原则:每个服务应该负责单独的功能,即 SOLID 原则(单一职责原则,Single Responsibility Principle;开闭原则,Open Close Principle;

里氏替换原则,Liskov Substitution Principle;接口隔离原则,Interface Segregation Principle;依赖反转原则,Dependency Inversion Principle)之一。

② 独立部署、升级、扩展和替换:每个服务都可以单独部署及重新部署而不影响整个系统。这使得服务很容易升级、扩展,甚至把其他性能更优、功能更强大的服务替换。

③ 支持异构/多种语言:每个服务的实现细节都与其他服务无关,服务之间的耦合性很弱,每个服务都可以根据实际需要选择更合适、方便甚至开发人员更熟悉的开发语言、工具和方法。

④ 轻量级:微服务通常部署在轻量级的分布式服务框架上,服务与服务之间采用P2P(Peer to Peer)通信,无中心节点,其性能可以实现线性增长;这种轻量级分布式服务框架使得对第三方软件的依赖性降到最低,极大地减少了类冲突和冗余依赖,使集成和升级更方便。

微服务和传统服务的区别如下。

① 架构模式不同。微服务是松耦合的架构模式,而传统服务则是强耦合的架构模式。

② 业务流程不同。微服务的业务流程更加清晰、简单、可监控,服务与服务之间的业务流程队列互不干扰;传统服务则是将服务集成在一个大的业务流程中,某一个流程的改变可能导致大部分甚至全部流程的变化。

③ 服务边界不同。微服务的服务之间相互独立、界限清楚;传统服务将所有功能集成在一起,并没有清晰的边界。

④ 部署方式不同。微服务在云上部署时采用沙箱机制来保证业务的连续性以及高可用和性能要求;传统服务即使采用分布式部署也要求在一个统一的架构体系之下。

⑤ 数据存储方式不同。不同微服务相对独立,采用的开发语言工具不同,因此数据可以存在不同的数据库(关系型数据库和非关系型数据库)中;

传统服务则要求数据存储在同一种数据库中。

4.4 知识图谱技术

万接喜等认为,政府的决策需要知识,将政务信息资源提升为知识资源是提高政府行政效率的有力工具,知识地图是实现信息到知识的提升的很好方法[60]。知识图谱(Knowledge Graph),在图书情报界被称为知识域可视化或知识领域映射地图,是显示知识发展进程与结构关系的一系列不同的图形,用可视化技术描述知识资源及其载体,挖掘、分析、构建、绘制和显示知识及它们之间的相互联系。

知识图谱的概念由谷歌公司于2012年5月17日首次提出,旨在描述客观世界的概念、实体、事件及其之间的关系,并作为构建下一代智能化搜索引擎的核心基础。通俗地讲,知识图谱就是把所有不同种类的信息连接在一起而得到的一个关系网络。知识图谱提供了从"关系"的角度去分析问题的能力。知识图谱是一种比较通用的语义知识的形式化描述框架,它用节点(Node)表示语义符号,用边(Edge)表示符号之间的语义关系。

知识图谱的本质是一种语义网络,网络由节点和边构成,网络节点表示实体或者概念或属性,边表示它们之间的关联关系。知识图谱中的节点主要包含以下几种。

实体:指客观世界中的具体事物,如某一个人、某一座城市、某一种植物、某一件商品等。世间万物都是由具体事物组成的,这就是知识图谱中的实体。实体是知识图谱中的最基本元素,不同的实体间存在不同的关系。

概念:指人们在认识世界的过程中形成的对客观事物的概念化表示,是具有同种特性的实体构成的集合,如国家、城市、人物等。

属性:用于区分实体的特征,用于描述事物的内在信息,比如中国的面积、人口等。

知识图谱中的边,描述节点之间客观存在的关联,如首都描述了北京和中国的关系。

知识图谱技术是指在建立知识图谱的过程中使用的技术。具体来说,知识图谱技术包括知识图谱表示、知识图谱构建和知识图谱存储三个方面的技术。

知识图谱表示(Knowledge Graph Representation),又称知识图谱嵌入(Knowledge Graph Embedding),关键思想是将知识图谱中的实体和关系映射到连续的向量空间中,同时保留知识图谱的固有结构。实体和关系嵌入表示有利于多种任务的执行,包括知识图谱补全、关系抽取、实体分类和实体解析等。

知识图谱在逻辑结构上主要分为数据层和模式层。数据层包含大量的事实(fact)信息,即(实体,关系,实体)或者(实体,属性,属性值)等三元组表示形式,将这些数据存储在图数据库(比如开源的 Neo4j、Twitter 的 FlockDB、德国 Sones 公司的 GraphDB、中科天玑自主研发的 Golaxy Graph 等)中会构成大规模的实体关系网络,进而形成知识图谱。模式层是知识图谱的核心,建立在数据层之上,存储的是提炼后的知识。

知识图谱构建是从结构化、半结构化和无结构化数据资源中,采用自动或半自动的技术抽取知识,并存入数据层和模式层的过程。自底向上的知识图谱构建是一个迭代更新的过程,涉及的技术主要包括:信息抽取、知识融合、知识加工。

信息抽取:从各种类型的数据源中提取出实体、属性以及实体间的相互关系,在此基础上形成本体化的知识表达。

知识融合:在获得新知识之后,需要对其进行整合,以消除矛盾和歧义,比如某些实体可能有多种表达,某个特定称谓也许对应于多个不同的实体等。

知识加工：对于经过融合的新知识，需要经过质量评估之后（部分需要人工参与甄别），才能将合格的部分加入到知识库中，以确保知识库的质量。

知识图谱存储包括图数据模型、图数据库查询和常见图数据库。

图数据模型：图模型（Graph Model）是图数据库表达图数据的抽象模型。目前主流图数据库采用的图模型主要包括资源描述框架（Resource Description Framework，RDF）和属性图（Property Graph）两种。资源描述框架是一个使用 XML 语法来表示的资料模型（Data Model），用来描述 Web 资源的特性及资源与资源之间的关系。RDF 模型在顶点和边上没有属性，只有一个资源描述符，这是 RDF 与属性图模型间最根本的区别。在 RDF 中每增加一条信息都要用一个单独的节点表示。比如，在图中给表示人的节点添加姓名。在属性图中只需要在节点添加属性即可，而在 RDF 中必须添加一个名字的单独节点，并用 hasName 与原始节点相连。属性图模型是一种不同于 RDF 三元组的图数据模型，属性图模型由顶点、边及其属性构成。顶点和边都可以带有属性，节点可以通过"标签（Label）"进行分组。表示关系的边总是从一个开始点指向一个结束点，而且边一定是有方向的，这使得图成为有向图。关系上的属性可以为节点的关系提供额外的元数据和语义。

图数据库查询：与关系模型相比，基于图数据模型的查询具有更高的复杂度，这就对查询语言提出了更高的要求。图数据库尚没有业界统一认可的查询语言。查询语言按照编写的逻辑，可以分为描述式和命令式两种。

常见的图数据库包括 Neo4j，Neo4j 是一个流行的图数据库，它是开源的。最近，Neo4j 的社区版已经由遵循 AGPL 许可协议转向了遵循 GPL 许可协议。ArangoDB 是由 ArangoDB GmbH 开发的一种免费的开源本机多模型数据库系统。数据库系统通过一个数据库核心和统一的查询语言 AQL（ArangoDB 查询语言）支持三种数据模型，兼有键/值对、图和文档数据模型，提供了涵盖三种数据模型的统一的数据库查询语言，并允许在单个查询中混合使用三种模型。TigerGraph 是一款"实时原生并行图数据库",既可以部署在云端也可以部署在本地,支持垂直扩展和水平扩展,可以对集群中的图数据自动分区,遵循 ACID 标准,并且提供了内置的数据压缩功能。它使用了一种消息传递架构,这种架构具备可随数据增长而伸缩的并行性。

常见图数据库有 Neo4j、Galaxybase、AllegroGrap、GraphDB、InfiniteGraph、HugeGraph、StellarDB 等。

4.5 可视化展示技术

政务信息资源主题化应用服务的主要工作内容是根据用户需求完成专题应用的快速构建,为政府工作人员和业务部门工作人员提供更好的服务。因此针对专题应用所需要的不同数据资源类型完成界面友好的可视化展示也是专题构建需要研究的关键技术之一。针对不同的数据类型,其可视化展示方式也不同。根据政务信息资源的类型,可视化展示技术主要包括政务文本信息可视化、政务统计信息可视化、政务地理信息可视化等。

4.5.1 政务文本信息可视化

在现实生活中,文本信息随处可见,人们每天会接收大量的、复杂的文本信息,在这种情况下,涌现了众多处理、挖掘文本信息的方法以帮助人们获取信息中的知识,而文本信息可视化技术可以将分析处理后的文本信息通过可视化的方法利用简洁、直观、有交互性的图形呈现给用户,因此文本信息可视化是信息可视化领域的一个重要分支。

文本信息可视化的核心思想是针对大规模的文本信息,最大程度地实现信息归纳和信息提取,将文本信息中隐藏的知识呈现给用户。因此文本信息可视化通常用于分析和展示大量的文本数据，帮助用户更直观地了解数据的分布、关系和趋势，如政务领域的信息检索、舆情监测等。文本信息可视化的方法主要有热力图、地图、散点图、词云图、图表等。

政务文本信息可视化的方式如图 4-1 所示的政务文本数据检索和图 4-2 所示的政务文本数据词云图等。

图 4-1　政务文本数据检索

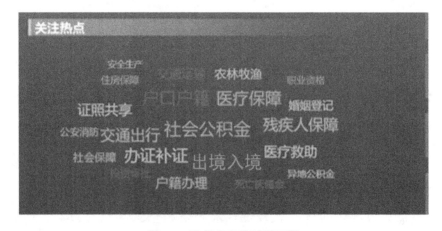

图 4-2　政务文本数据词云图

4.5.2 政务统计信息可视化

政务统计信息可视化是通过对统计数据的整理、分析,并根据数据的分布状态、数字特征和随机变量之间的关系进行评估和描述,将抽象的统计数字,以常用的直方图、折线图、饼图、散点图、雷达图等方式展示出来,通过直观形象的统计图描述数据特征,反映数据的基本规律。一般来说,直方图表示一段时间内的数据变化或显示各项之间的比较情况,使用颜色进行类型区分,通过 XY 轴的二维空间体现描述,主要用于比较各组数据之间的差别或数据变化情况。折线图表示随时间(根据常用比例设置)而变化的连续数据,因此非常适用于显示在相等时间间隔下数据发展的趋势,主要用于趋势分析。饼图表示每一数值相对于总数值的大小、比例关系等,主要用于说明各部分占整体的多少。散点图表示因变量随自变量而变化的大致趋势,据此可以选择合适的函数对数据点进行拟合,用散落的点去表达信息,主要用于查找变量之间的相关性。雷达图集中在一个圆形的图表上,用来表现一个整体中的各项个体比率的情况,主要用于各项指标整体情况分析。政务统计数据图表可视化如图 4-3 所示。

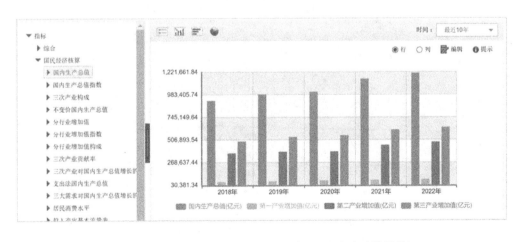

图 4-3　政务统计数据图表可视化(来源:国家统计局网站)

4.5.3 政务地理信息可视化

政务地理信息可视化是指充分利用地理信息技术将各种政务数据资源在空间分布上的规律以更加简洁直观的方式表达出来，同时通过可视化挖掘更深层次的信息。通过政务地理信息可视化技术，将自然资源信息、社会资源信息通过整合处理，按一定的比例，运用符号、色彩、文字注记等进行描绘，结合基础地理信息，以二维或三维地图、仿真模拟等方式，实现地理表面自然资源、社会经济状况的可视化表达。

反映人力、物力、财力、技术、知识等的社会信息资源，通常采用定点统计图表、动线法统计地图、热度统计地图、分区统计地图、点值法统计地图等可视化模式表达。反映海洋、土地、大气、水、矿藏、草原、野生生物、森林、自然遗迹、自然保护区、城市和乡村等覆盖范围广的自然资源信息，通常采用分区统计地图、定点统计图表、个体符号统计地图、分级统计地图、点值法统计地图、动线法统计地图等可视化模式表达。政务地理信息可视化地图如图4-4所示。

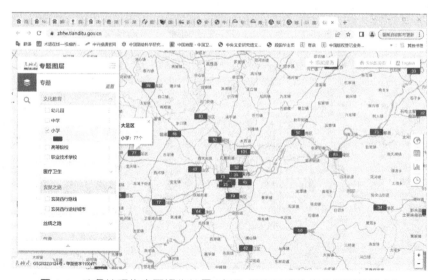

图4-4 政务地理信息可视化地图（来源：国家地理信息公共服务平台）

第 5 章 政务信息资源主题化应用服务实现工具

笔者在前文描述了信息资源主题化应用服务的目标、原则、方法及关键技术。主题化应用服务的业务流程如图 5-1 所示,汇聚政府、公众及其他领域的政务信息资源,通过数据资源整合工具形成综合信息资源库,利用微服务技术研发一系列服务构建工具,为信息资源专题构建提供工具支撑,最后运用可视化工具将主题化应用服务内容以不同的可视化方法发布为不同的专题信息服务系统,以供政府工作人员和业务部门业务人员使用。

政务信息资源主题化应用服务过程中需要一系列的软件工具进行支撑,根据应用服务的业务流程,主要分为数据资源整合工具、专题信息服务功能构建工具、可视化服务工具等。下面分别向大家介绍这些主要工具。

5.1 数据资源整合工具

数据资源整合工具主要完成对汇聚的政务信息资源的整合工作,政务信息资源按数据结构类型主要包括网站数据、文本数据、结构化数据、空间数据、多媒体数据、流数据等。对应的整合工具主要有:文本数据整合工具,负责整合处理网站数据和文本数据;空间数据整合工具,负责整合处理空间数据;结构化数据整合工具,负责整合处理结构化数据;多媒体数据整合工具,负责整合处理多媒体数据和流数据。数据抽取工具主要对上述数据按主题化应用服务的指标体系进行抽取、转换和加载。

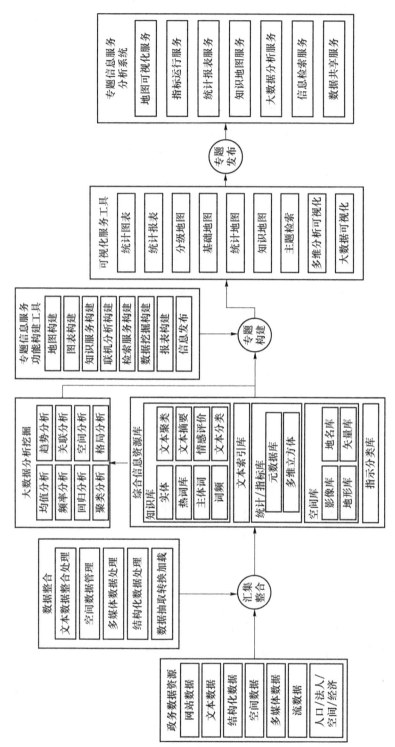

图 5-1 主题化应用服务业务流程

5.1.1 文本数据整合工具

文本数据整合工具用于实现高效的跨库全文信息检索服务，以及为知识服务提供数据支持。文本数据整合是将数据整合到非关系型数据库中，并最终形成全文检索分词库。对于纯文本文件的数据，通过编写数据抓取及解析程序，将文本文件数据进行入库，数据入库程序要能够支持增量数据入库功能。对于 XML 格式、关系型数据库格式、全文数据库等采用 Gateway 进行数据的增量转换入库。

通过以上两种方式可形成全文检索数据库，为便于对数据的分类，不同来源的文本型数据转到不同的文本型数据库中，最终通过视图的方式来联合所有的数据库。

文本数据处理模块包括文本解密模块、文本转码模块、分词索引模块、索引维护模块。其中文本解密模块和文本转码模块与信息资源的特征相关，而分词索引模块与索引维护模块则是较为通用的模块。文本数据整合工具功能模块如图 5-2 所示。

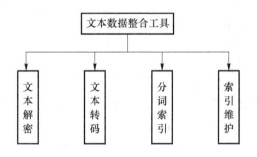

图 5-2　文本数据整合工具功能图

（1）文本解密模块

需要整合的某些信息资源中的信息条目是经过加密的，因此需要进行文本解密，以实现文本数据的进一步处理。加密的一般方法有弱加密和强加密,其中弱加密包括 ROT13、Base64、Carser 法等,强加密则有 DES、RSA 等加密体系。

(2) 文本转码模块

文本的编码方式很多,特别是在国际化环境中,不同的语言有不同的编码方式,同一种语言也可能有多种不同的编码方式。因此文本需要进行转码,统一到 Unicode 上来才能进行下一步的处理,文本转码模块的功能类似于 Libiconv,但其可以通过统计方法来猜测没有编码信息的文本的可能编码方案。

(3) 分词索引模块

分词索引是文本数据处理中最基础和最重要的功能。分词索引是进行全文搜索所必需的处理过程,分词索引模块将文本分割成词汇表中的条目,从而产生倒排表来为以后的关键词检索服务。

(4) 索引维护模块

索引维护包括分词表更新、索引复制、索引更新与删除等操作,索引维护是文本处理的重要模块。

5.1.2 空间数据整合工具

空间数据整合工具负责处理、创建多源专题空间库,处理包括矢量、影像、栅格、三维模型等数据在内的各类型空间数据,进而为平台构建快速专题、制图输出、叠置分析等应用提供相应的空间数据基础。

空间数据整合工具主要实现矢量地理数据的格式转换、数据入库、编辑、符号化处理、投影转换、数据精简压缩、地名提取与维护;地理实体数据的入库管理与维护;栅格/DEM/影像数据的入库、裁切、金字塔建立、瓦片数据生成、晕渲图制作、配色处理;地理信息可视化服务、专题数据分析、统计制图等功能。

空间数据整合工具主要包括对矢量地理数据、地理实体数据、栅格/DEM/影像数据等各类型空间数据的处理,以及提供地理信息可视化、专题图层分析、统计制图等地图服务。空间数据整合工具功能模块如图5-3所示。

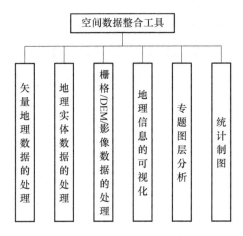

图 5-3 空间数据整合工具功能图

(1) 对矢量地理数据的处理主要实现矢量地理数据的入库、编辑、符号化处理、投影转换、数据精简压缩、地名提取与维护。

(2) 对地理实体数据的处理主要实现数据的入库和维护。

(3) 对栅格/DEM/影像数据的处理主要实现数据的入库、裁切、金字塔建立、瓦片数据生成、晕渲图制作、配色处理。

(4) 空间数据整合工具采用JavaScript前端技术和Java语言开发,可实现地理信息可视化、专题图层分析和统计制图等功能。

5.1.3 结构化数据整合工具

结构化数据整合工具主要对统计数据、关系型数据库数据、其他带有结构化数据的文档数据进行整合,形成多维数据立方体。

结构化数据是由二维表结构来进行逻辑表达和管理的数据,严格地遵循数据格式与长度规范,主要通过关系型数据库进行存储和管理,相对于非结构化数据而言,结构化数据在数据存储上具有一定的规范性和一致性。

结构化数据整合的目的是将不同来源、格式、特点性质的结构化数据进行抽取,实现逻辑上或物理上的有机集中、结构再造。政务服务数据所包含的数据中,数值型数据占很大比重,主要来源于基础数据、相关业务信息资源数据,主要存储形式为表格数据和数据库数据。将这些数据有机地组织、合理地存储,可以为后续数据的统计分析、数据挖掘以及专题构建及可视化服务提供基础性支撑。

结构化数据整合工具基于 TCP/IP 协议的多层架构,对全结构化信息进行整合处理,主要功能模块如下。

(1) 定义源数据

结构化数据即行数据,存储在数据库里,是由二维表结构来进行逻辑表达和管理的数据。结构化数据整合的数据源包括两部分,一是数据库,二是带有结构化的文本数据。通过接口,例如 ODBC、专用数据库接口和平面文件提取器提取源数据,并参照元数据来决定数据的提取及其提取方式,从源数据中抽取部分或全部待整合数据进行实时的处理。

(2) 定义目标库

定义目标数据库的路径、结构,通过数据加载操作将转换后的数据存储到目标数据库中,即关系数据库中。目标库以数据库的形式进行数据的存储,为数据分析操作、可视化服务、应用服务专题构建提供标准、统一化的数据。

(3) 数据整合

数据整合是结构化数据整合工具的核心功能区,主要包含多维数据模型定义、用户视图定义、多维模型语义检查、多维模型映射、多维数据聚合、多维数据装载刷新、数据转换适配、数据解析适配、多维浏览查询等模块。结构化数据整合工具的核心功能模块如图 5-4 所示。

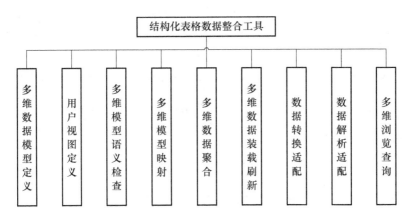

图 5-4　结构化数据整合工具功能图

① 多维数据模型定义。通过标准及自定义 DDL 进行数据类型、数据操作方法、自定义函数等对象的定义与创建,使数据整合系统能够具有很强的灵活性以处理各类非原始类型的数据格式,能够运行复杂的谓词操作函数,进行复杂的数据查询及其他操作。

② 用户视图定义。根据用户的数据操作日志,进行基于运行日志的性能分析,构建使用最多的若干种查询的实化视图,实现对于常用查询的加速与优化。视图定义包括日志分析、自动性能分析、索引构建、特定视图查询语句生成、视图定义、视图操作等功能。

③ 多维模型语义检查。通过类似于数据库中约束关系的定义与使用,自动对多维数据集进行一致性检查,如取值范围检查、外键约束、引用约束等,提高数据质量,保证数据操作的可行性。

④ 多维模型映射。建立从数据仓库、关系数据库、通用格式数据文件、自定义格式数据文件到多维数据模型的映射关系,实现数据格式之间的自动适配,实现多维模型数据集的来源多样化与自动输入构建。

⑤ 多维数据聚合。通过多源配置对多维数据集的来源进行统一管理，并将其自动导入到已定义的多维数据集中，形成聚合的待处理多维数据集。提供对具有分布式特性的数据集进行基于服务的聚合，形成灵活、标准的数据聚合流程和机制。

⑥ 多维数据装载刷新。在分布式数据环境下，对于聚合形成的多维数据集进行更新探测、复制同步、装载刷新的功能，实现分布式的多路数据集间数据对象的一致性与同步处理。

⑦ 数据转换适配。数据转换适配功能是指将统计数据、关系数据库数据等各种不同数据格式的数据表，转化成统一的便于表达的关系数据库格式。转换适配的内容还包括将不同关系数据库定义的类似的数据类型统一的过程。

⑧ 数据解析适配。数据解析适配功能是指将带有结构化的文档数据进行分析解析，从中获取其中的结构化数据内容，并将获取的结构化数据按一定的标准存储到数据立方体库中。

⑨ 多维浏览查询。在多维数据立方体模型基础上的查询浏览功能，从不同的角(维)度、通过不同的度量值来观察、分析数据。

5.1.4 多媒体数据整合工具

多媒体数据整合工具用于收集、索引、管理图像、音频、视频、PDF、PPT等多媒体数据，为政府多源政务信息集成应用提供支撑。工具可实现任意类型的结构化和非结构化多媒体数据的管理、音视频介绍性文字以及相关索引的数据整合、创建多媒体信息全文检索库。工具支持AVI、MP4、FLV、RM/RMVB、WMV、MPG等主流音视频格式的上传入库，可进行单文件、批量文件上传，支持2 GB以上超大文件上传，支持断点续传、断网重联、终止等个性化上传,支持多个文件以及文件夹智能匹配快速添加和批量文件扫描方式入库,并可添加扫描任务,定时进行指定目录扫描并入库。

多媒体数据整合工具包括对结构化和非结构化多媒体数据的整合管理。结构化数据整合包括编目字段初始化、自定义页面模板、任务上传、定时扫描入库等功能;非结构化多媒体数据整合则包括主流媒体格式转换、媒体数据分级管理、文件批量转换,以及字幕文件匹配。多媒体数据整合工具功能模块如图5-5所示。

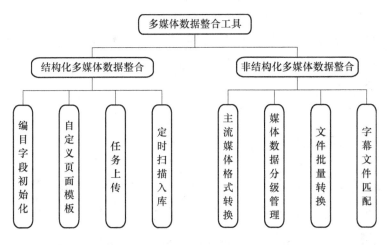

图5-5 多媒体数据整合工具功能图

(1) 结构化多媒体数据整合

① 编目字段初始化

编目字段初始化是按照一定的标准和规则,对某些范围内的字段外部特征进行分析、选择、描述,使其成为规范的字段。

② 自定义页面模板

自定义页面模板是通过可视化界面将一些零散媒体数据整理成可直接展示的文件。

③ 任务上传

任务上传功能支持主流音视频文件及相关介绍文字的上传入库。

④ 定时扫描入库

定时扫描入库实现了多媒体数据的定时更新,可保证数据库中的数据为最新数据。

(2) 非结构化多媒体数据整合

① 主流媒体格式转换:将不被支持播放或浏览的多媒体文件转换成可以支持播放或浏览的文件格式。

② 媒体数据分级管理:管理人员根据权限级别可以对多媒体栏目节目进行不同的增加、删除、修改等维护。

③ 文件批量转换:视频或相关文件、内容批量转移、复制至指定栏目。

④ 字幕文件匹配:将视频等文件筛选出与其相关的字幕文件并匹配。

5.1.5 数据抽取转换加载工具

数据抽取转换加载(Extract Transform Load,ETL)是将数据从源数据抽取、清洗转换,并加载到数据仓库的实现过程,目的是将分散的、标准不一的数据整合到一起,为某一主题的分析决策应用提供数据源。

ETL需要迅速响应业务要求,并部署实施。同时,ETL还需要可灵活配置、可靠和安全。因此,ETL需要具备扩展能力,同时还能提供Web式应用服务。所以,ETL工具各个子功能处理模块均采用Web Service技术和标准数据格式封装,通过ETL标准服务组件实现FTP、数据抽取、数据清洗等业务功能。

ETL工具基于XML等开放标准定义数据交互接口,采用SOA标准数据总线技术,构建统一的ETL调度引擎,实现各环节数据的有效流转、各处理环节的灵活组装,从而实现对各种数据接口、转换规则、数据校验规则以及多种数据入库处理方式等的通用性组装处理。ETL工具功能结构如图5-6所示。

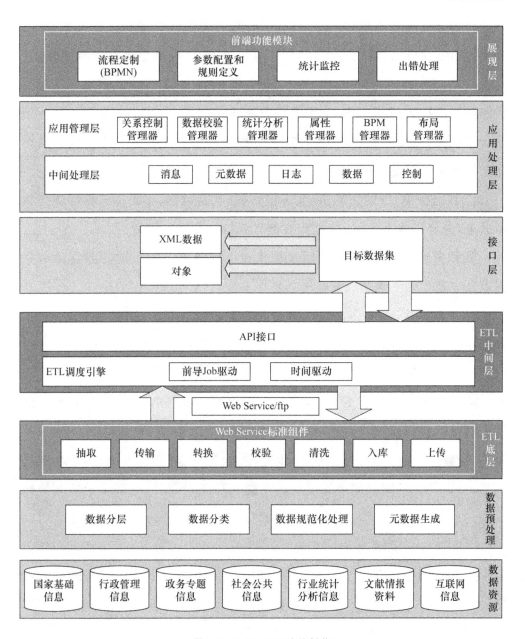

图 5-6 ETL 工具功能结构

ETL 工具的主要功能模块如下。

(1) 数据预处理

数据预处理指通过对各类信息资源的元数据进行提取、数据标记、数据分类与指标化等处理步骤,将异构数据转化为可供分析挖掘的正规化数据,主要包括数据分层、数据分类、数据规范化处理、元数据生成等功能模块。

① 数据分层:将文本数据、表格数据、空间数据、多媒体数据按照空间层次和时间层次来进行划分。空间层次一般按照宏观、中观、微观来进行划分,时间层次则按照年、月、周、日等进行划分。通过数据分层来为构建数据立方体等操作奠定基础。

② 数据分类:按照文本数据、表格数据、空间数据、多媒体数据等进行数据分类,并分别建立索引,使之能够被有效检索与高效管理。

③ 数据规范化处理:运用标准格式转换服务将各种不同的数据源和数据表格规范化为给定的格式。

④ 元数据生成:将多源数据进行元数据提取并记录入库,使数据发现、数据检索等功能得以实现。

(2) ETL 底层

ETL 底层包含所有 ETL 数据处理过程的子功能模块,以实现对数据的抽取、传输、转换、校验、清洗、入库、上传等基础功能,并通过 Web Service 技术将各基础功能封装为标准组件,以提供给 ETL 调度引擎,作为 Job 进行调度,从而完成不同数据来源接口的不同处理流程,在一定程度上屏蔽异构系统的底层功能,从而在整体上提高 ETL 在异构系统间的可移植性。

(3) ETL 中间层

ETL 中间层以 ETL 调度引擎为核心,以 SOA 总线为基础,通过引入 Job 的概念,屏蔽 ETL 处理过程中数据的多样性和复杂性,并能灵活扩展不同数据处理流程,使不同数据处理流程的定制和配置成为可能。其调度的策略可以包括以下几种类型。

前导 Job 驱动:ETL 过程中各个处理环节需按一定的次序进行,前导 Job 表示 ETL 流程中先要进行处理的 Job,Job 的前导 Job 可以有多个。

时间驱动:当到达某个时间点时,这个时间点可以是时间周期,也可以是固定时间点,Job 便开始运行。

上述两种条件综合驱动:当以上两种条件只要满足一种条件时,Job 便开始运行。

(4) 应用处理层

应用处理层为前端功能模块提供管理和工具支撑,包括中间处理层和应用管理层。

中间处理层,主要实现对消息、元数据、日志、数据、控制信息的及时处理。

应用管理层,主要实现对关系控制、数据校验、统计分析等的管理,包括关系控制管理器、数据校验管理器、统计分析管理器、属性管理器、BPM 管理器、布局管理器等。

(5) 前端功能模块

前端功能模块通过可视化的前台配置和监控界面,实现对 ETL 处理过程的流程定制,处理环节的参数配置,不同数据接口的定义,不同数据来源的定义,各种转换规则、清洗规则的定义,以及处理进度和结果的实时监控和查询,并进行出错状态的告警和处理。

流程定制(BPMN):实现对不同数据处理流程的可视化配置,根据接口规范以及处理规则,灵活组装底层处理子功能模块,设置相应的调度策略类型,实现数据的处理过程。

参数配置和规则定义:通过对各个处理流程的可视化参数配置以及各种规则的定义,使灵活扩充 ETL 处理环节成为可能。

统计监控:通过对各个处理环节的日志信息的提取和统计,实现对 ETL 处理进度和结果的实时监控,以及整体的处理状态报告。

出错处理:根据各个接口不同的出错处理规则,对数据处理过程中出现的任意环节的错误,进行相应的处理,包括数据回退、自动重入、手工重入等。

5.2 专题信息服务功能构建工具

信息专题快速构建服务是指在空间数据、多媒体数据、统计数据、文本数据等各类专题信息整合治理的基础上,利用信息服务功能定制工具,通过人机交互过程快速生成信息专题,为特定主题的决策过程服务。

专题信息服务功能构建工具包括地图服务构建工具、统计图表构建工具、知识服务构建工具、联机分析构建工具、检索服务构建工具、统计报表功能构建工具、信息发布工具等。

5.2.1 地图服务构建工具

地图服务构建工具用于实现基础地理信息服务和基于基础地理信息的专题信息展示服务的功能定制、参数配置,包括基础地图、时态地图、分级统计地图、分区统计地图、复合统计地图等功能的实现。

(1) 基础地图浏览功能实现

对基础地图浏览的封装可分为基本信息和图层信息。图层信息可以选择一个或者多个图层进行发布展示,多个图层展示时根据图层次序优先显示,可以通过上下移动添加的图层来改变图层次序,并提供包括地图放大、缩小、漫游、全图、长度量算、面积量算、清屏、鹰眼、经纬度提示等地图工具组件选择和配置功能。主要配置参数如下。

① 发布图层:如果为一个数组(数组的每个元素为 KeyValue 对)定义可以切换的地图类型,子元素的 Value 也为一个数组,其取值为该地图类型的图层编码。

② 初始范围:地图显示的初始化 BBox 范围。

③ 地图工具：选择是否显示放大、缩小、漫游、全图、长度量算、面积量算、清屏、鹰眼图、经纬度提示等工具，可以多选。

基础地图发布基本信息配置如图 5-7 所示。

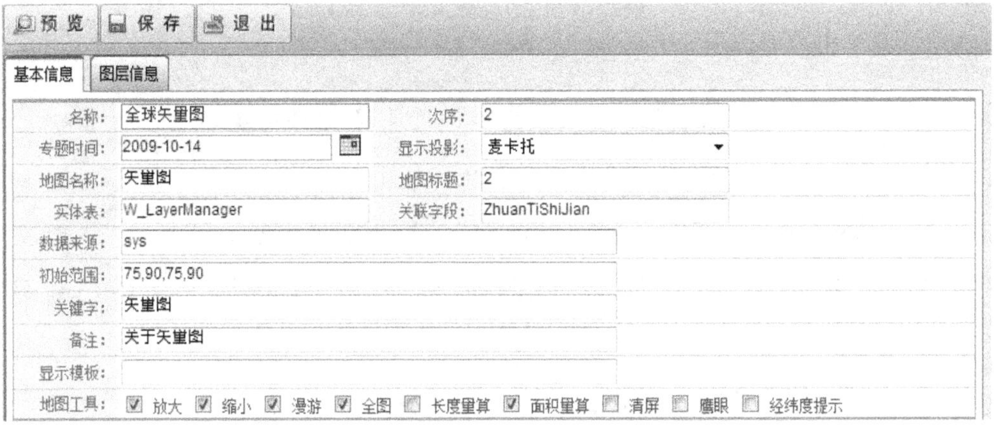

图 5-7　基础地图发布基本信息配置

图层配置信息可动态添加关联图层、图层初始显示级别、结束显示级别等。动态添加的图层可以是一个也可以是多个，通过改变图层列表的位置来改变显示的次序。图层信息配置如图 5-8 所示。

图 5-8　图层信息配置

(2) 时态地图功能实现

时态地图基于基础地理信息展示多时态专题地理信息。其实现是在基础地图浏览的功能基础上，通过选择配置一个或多个图层作为时态图层，实现图层的叠加显示，以及图层的动态播放、停止、后退等功能。主要配置参数如下。

① 基础图层：图层列表，其取值为该地图类型的图层编码。

② 初始化范围：地图显示的初始化 BBox 范围。

③ 地图工具：选择是否显示鼠标缩放、拉框缩放、缩放工具条、距离量算、面积量算、图例显示、鹰眼图、地图类型切换、经纬度提示、指北针、地图名称等工具。

④ 时态图层：从时态地理信息管理表中选取时态图层定义目录。

时态地图配置参数关联基础图层、选择指定地图工具、关联时态图层等，并通过关联的基础图层获取初始范围。时态地图展示参数配置如图 5-9 所示。

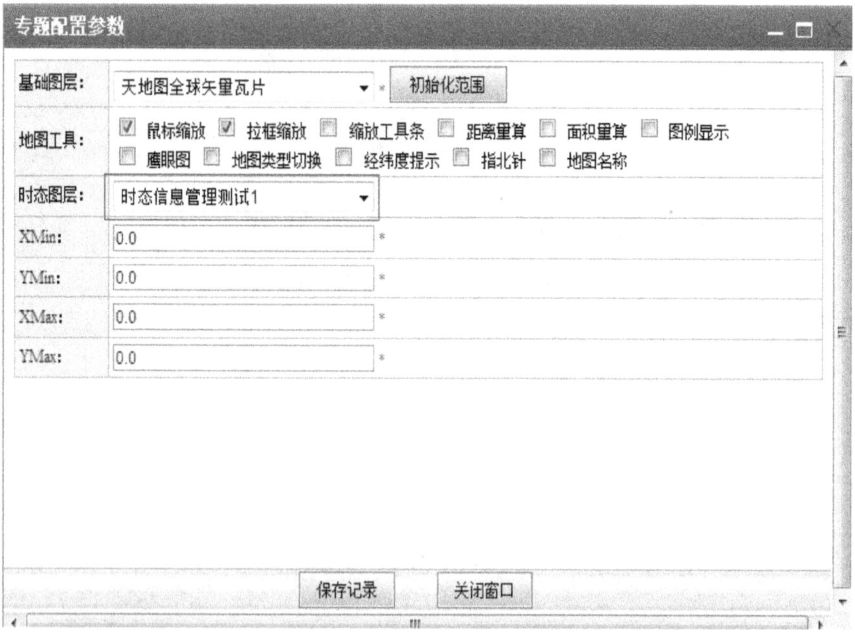

图 5-9 时态地图展示参数配置

(3) 分级统计地图功能实现

分级统计地图将统计数据以数值进行平均、正态、指定界限等方式,来实现统计数据的分级,并根据配置的颜色,以及统计数据对应的地理实体将统计数据以不同的颜色把相应的地理实体展示出来。主要配置参数如下。

① 基础图层:图层列表,图层可以是裁切好的透明地图瓦片或者动态生成的矢量图层。

② 初始范围:地图显示的初始化 BBox 范围。

③ 地图工具:选择是否显示鼠标缩放、拉框缩放、缩放工具条、距离量算、面积量算、图例显示、鹰眼图、地图类型切换、经纬度提示、指北针、地图名称等工具,可以多选。

④ 专题图层:由"地图图层管理表"中选取,要求是矢量的面状图层。

⑤ 统计数据表:需要有一个编码字段能与地理实体编码统计数据表对应。

⑥ 关联字段:能与地理实体编码匹配的字段名称。

⑦ 分级字段:要进行分级的字段。

⑧ 分级类型:平均分级、正态分级、指定分级。

⑨ 分级界限:针对指定分级。

⑩ 分级级数:针对平均分级、正态分级。

⑪ 分级色带码:分级的颜色编码。

⑫ 数据单位:统计数据的单位。

分级统计地图功能参数配置如图 5-10 所示。

(4) 分区统计地图功能实现

分区统计地图将统计数据按照不同的统计配置方式分别绘制成饼状图统计表、柱状图统计表、直方图统计表、折线图等统计图表,并通过关联的地理实体定位绘制于地理底图以实现分区统计地图。主要配置参数如下。

① 基础图层:图层列表,其取值为该地图类型的图层编码。

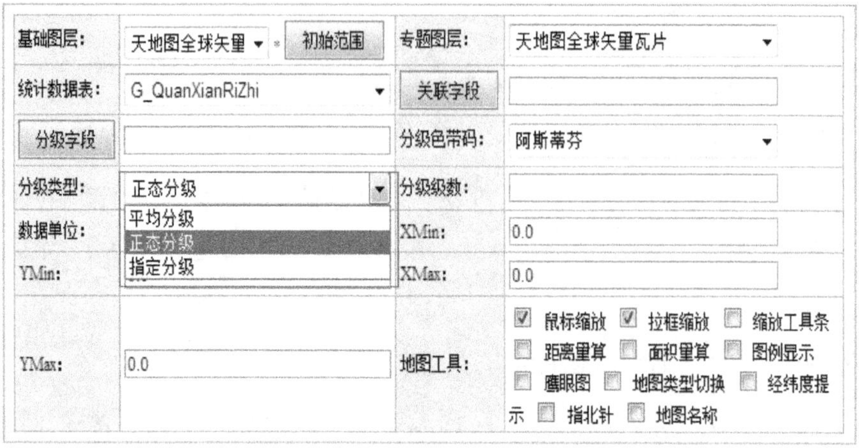

图 5-10 分级统计地图功能参数配置

② 初始范围：地图显示的初始化 BBox 范围。

③ 地图工具：选择是否显示鼠标缩放、拉框缩放、缩放工具条、距离量算、面积量算、图例显示、鹰眼图、地图类型切换、经纬度提示、指北针、地图名称等工具，可以多选。

④ 专题图层：由"地图图层管理表"中选取，要求是矢量的面状图层。

⑤ 统计数据表：需要有一个编码字段能与地理实体编码统计数据表对应。

⑥ 关联字段：能与地理实体编码匹配的字段名称。

⑦ 统计字段：要进行分区统计的字段（可以多个）。

⑧ 图表类型：图表的类型，如饼图、柱状图、直方图、折线图等形式。

⑨ 色带编码：统计的颜色编码。

⑩ 数据单位：统计数据的单位。

分区统计地图功能参数配置如图 5-11 所示。

（5）复合统计地图功能实现

复合统计地图可以实现上面两种统计地图方式（即分区＋分级的方式）的叠加应用，实现分区统计地图和分级统计地图的集成。首先实现分区统计地图，然后在上面叠加实现的分级统计图表。主要配置参数如下：

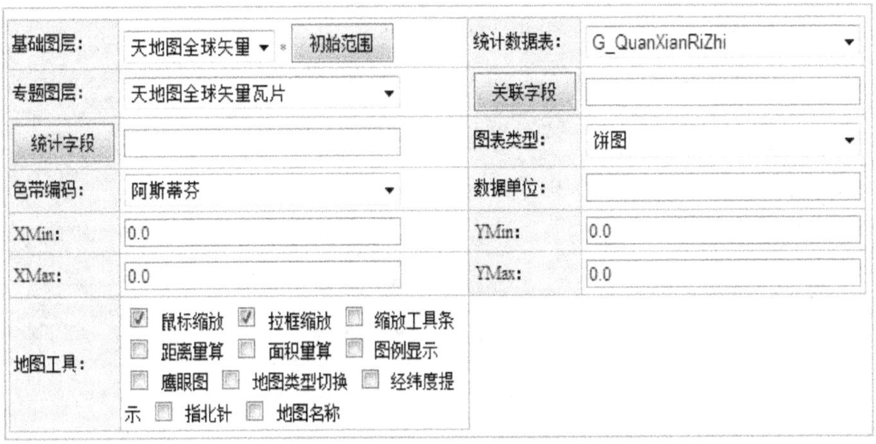

图 5-11 分区统计地图功能参数配置

① 基础图层：图层列表，图层可以是裁切好的透明地图瓦片或者动态生成的矢量图层。

② 初始范围：地图显示的初始化 BBox。

③ 地图工具：选择是否显示鼠标缩放、拉框缩放、缩放工具条、距离量算、面积量算、图例显示、鹰眼图、地图类型切换、经纬度提示、指北针、地图名称等工具，可以多选。

④ 专题图层：由"地图图层管理表"中选取，要求是矢量的面状图层。

⑤ 统计数据表：需要有一个编码字段能与地理实体编码统计数据表对应。

⑥ 关联字段：能与地理实体编码匹配的字段名。

⑦ 统计字段：要进行分区统计的字段（可以多个）。

⑧ 图表类型：图表的类型，如饼图、柱状图、直方图、折线图等形式。

⑨ 色带编码：统计图的颜色编码。

⑩ 分级字段：要进行分级的字段。

⑪ 分级类型：平均分级、正态分级、指定分级。

⑫ 分级界限：针对指定分级。

⑬ 分级级数：针对平均分级、正态分级。

⑭ 数据单位：统计数据的单位。

复合统计地图功能参数配置如图 5-12 所示。

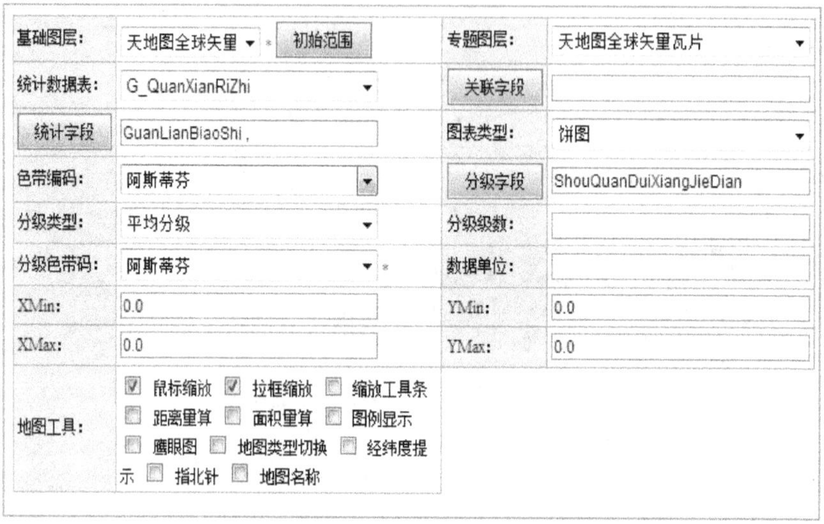

图 5-12 复合统计地图功能参数配置

5.2.2 统计图表构建工具

统计图表用点、线、面或立体图形的形式来形象地表达统计资料的数量大小或动态变化，可使用户形象、直观地了解事物或指标间的数量关系。常用的统计图表有折线图、柱状图、饼图、雷达图、双 Y 轴图、面积图、堆叠图、仪表盘图、混合图等。统计图表功能定制发布结果如图 5-13 所示。

统计图表构建工具通过参数配置便可交互式地实现统计数据的图表可视化表达。该工具针对不同表达方式配置的参数略有不同，基本包括数据源设置、定义坐标字段、数据指标关联等。

针对折线图、柱状图、饼图、雷达图、双 Y 轴图、面积图、堆叠图、仪表盘图、混合图等多种图表形式，参数配置功能如下。

（1）折线图

折线图是根据排列在数据表中的列或行的数据绘制的，可以显示随时间而变化的连续数据，因此非常适用于表达在相等时间间隔下事务的发展趋势。

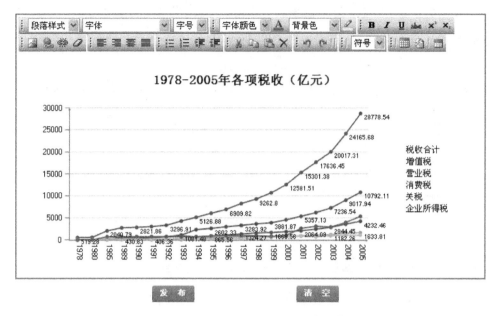

图 5-13 统计图表功能定制发布结果

"折线图"图标为选中的状态时,参数配置窗口为实现折线图所需的各类参数选项。实现折线图需要配置的参数如图 5-14 所示。

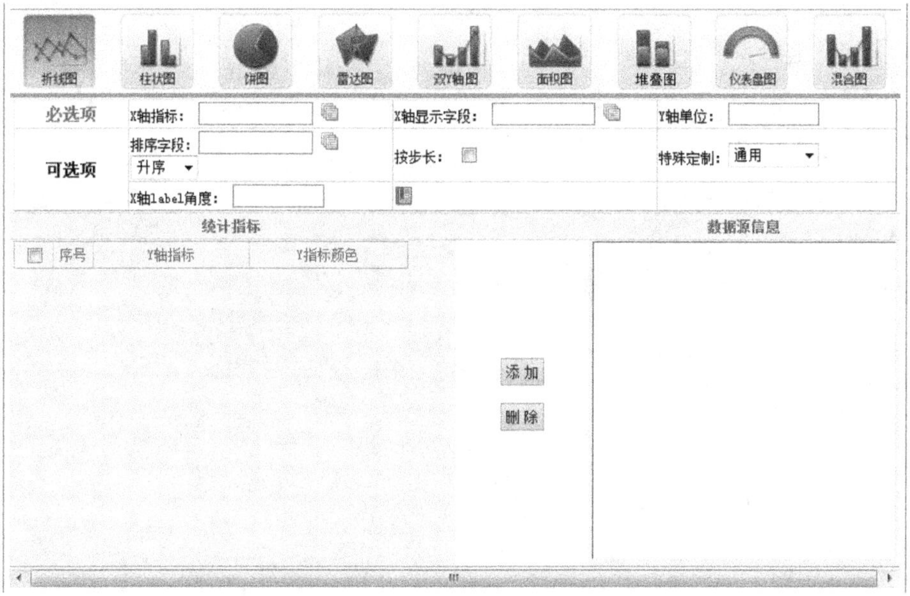

图 5-14 折线图参数配置

折线图配置必选项包括选择 X 轴指标字段和 Y 轴指标字段以及设置 Y 轴单位。折线图数据字段选择如图 5-15 所示(以"美元汇率折线图"为例)。

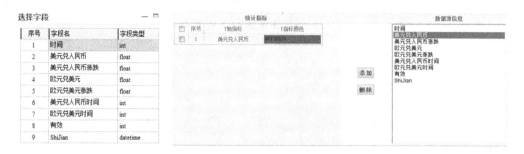

图 5-15　折线图数据字段选择

选择"时间"为 X 轴指标、排序字段和显示字段;Y 轴单位可按需要设置,同时可设置 X 轴的 label 角度,以便清晰标注 X 轴刻度。统计指标即为 Y 轴指标,基于右边"数据源信息"中的字段选择后"添加"即可。统计指标选择"美元兑人民币",即 X 轴为时间、Y 轴为汇率后的设置如图 5-16 所示。

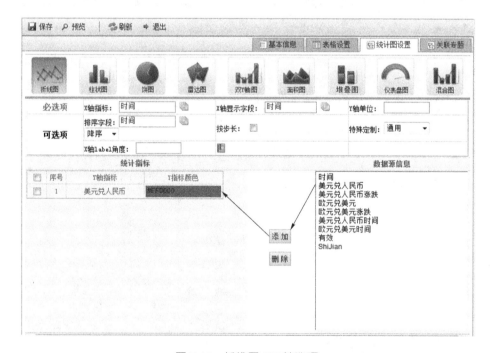

图 5-16　折线图 XY 轴选项

折线图配置后结果预览如图 5-17 所示。

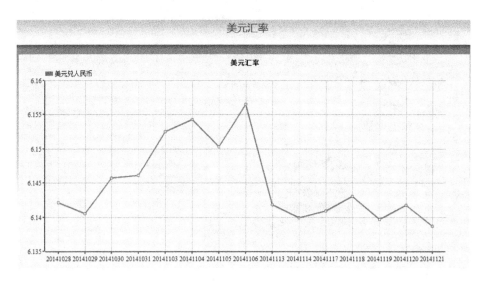

图 5-17　折线图预览

(2) 柱状图

柱状图是一种以长方形的长度为变量的表达图形的统计图表,由一系列高度不等的纵向条纹表示数据分布情况,用来比较不同时间同一事务或者同一事务不同类别的数量差异。

实现柱状图需要配置的参数如图 5-18 所示。

柱状图的主要参数配置如下(以构建"国际油价"柱状图为例)。

根据选取的"关联统计数据"进行 X 轴指标字段和 X 轴显示字段选择,此处选择"时间"字段,即按照时间进行排列,表示不同时间的一种变量或多种变量的比较。此外还可设置 X 轴 label 角度、是否启用 3D 效果、"特殊定制" X 轴显示单位等。

Y 轴指标基于右边"数据源信息"中的字段选择后"添加"即可。Y 轴指标字段可以单选也可以多选,多选便生成多个元素的柱状图,从而进行同一时间多项可比数据的对比。

在"国际油价"柱状图中,选择 WTI 期货、WTI 期货涨跌、WTI 现货、WTI 现货涨跌等字段,还可以添加其他库表数据的字段。

图 5-18　柱状图参数配置

设置完成"保存"后,"预览"结果如图 5-19 所示。

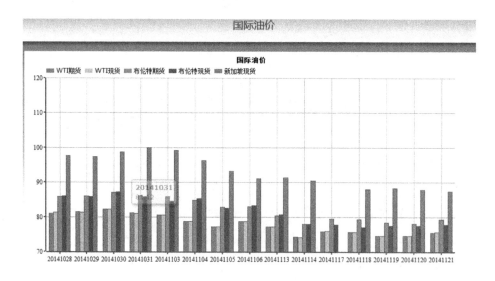

图 5-19　柱状图显示结果

(3) 饼图

饼图,常用于统计学模块。2D 饼图为圆形,手画时,常用圆规作图。仅需工作表的一列或一行中的数据(即一个数据系列)便可绘制饼图,显示一个数据系列中各项的大小与各项总和的比例。饼图中的数据 label 显示为整个饼图的百分比。

实现饼图需要配置的参数如图 5-20 所示。

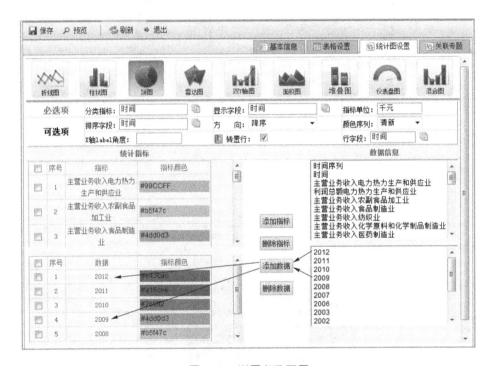

图 5-20　饼图参数配置

饼图的主要参数配置如下(以构建"主要行业规模以上工业企业主营业务收入"饼状图为例)。

① 关联选择"工业经济效益"中的数据表。

② 指定参与建立饼图的数据字段。

③ 选择用作建立饼图的一行或一列(若为列需要进行转置操作)。

数据关联与字段选择如图 5-21、图 5-22 所示。

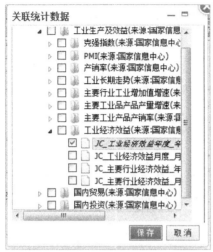
图 5-21 关联统计数据

图 5-22 选择字段

设置完成"保存"后,"预览"结果如图 5-23 所示。

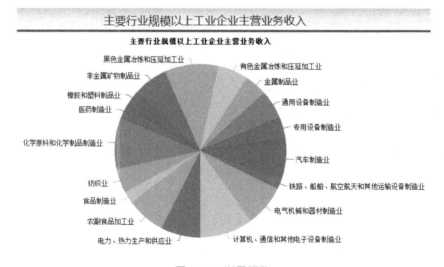
图 5-23 饼图预览

(4) 雷达图

雷达图是以从同一点开始的轴表达三个或更多变量的二维图表,轴的相对位置和角度通常无信息表达。雷达图主要用来表达企业经营状况,包括收益性、生产性、流动性、安全性和成长性等。通过一个始于一点的多极轴图形,使用者可以一目了然地了解各项指标的变动情形及其好坏趋向。现在,雷达图应用于各个领域。

实现雷达图需要配置的参数如图 5-24 所示。

图 5-24　雷达图参数配置

雷达图的主要参数配置如下。

① 关联统计数据(选择"工业")、定义分类字段(分类指标为"时间"),如图 5-25、图 5-26 所示。

② 添加数据指标,根据数据表中的字段选择需要分析统计的指标并添加到统计指标栏,如选择"工业增加值同比""国控增值同比""集体增值同比"三个指标,用来建立雷达图。

③ 基于分类字段选择数据记录,如选择"2014 年 10 月""2014 年 9 月""2014 年 8 月""2014 年 7 月"等。

设置完成"保存"后,"预览"结果如图 5-27 所示。

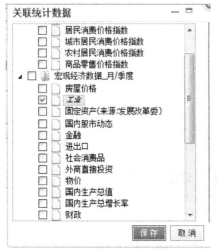
图 5-25　关联统计数据表

图 5-26　选择字段

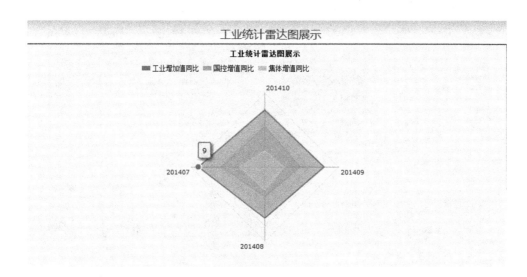
图 5-27　雷达图预览

（5）双 Y 轴图

双 Y 轴图有两个 Y 轴，就是基于同一横坐标建立左右各一个 Y 轴，表达多个不同变量的折线图、柱状图等。当数据序列为两个或两个以上，且单位不同或数据量级差别较大时，便可考虑使用双 Y 轴图。

实现双 Y 轴图需要配置的参数如图 5-28 所示。

图 5-28　双 Y 轴图参数配置

双 Y 轴图的主要参数配置如下。

① 关联统计数据，如图 5-29 所示，选择"每月进出口"数据进行功能定制。

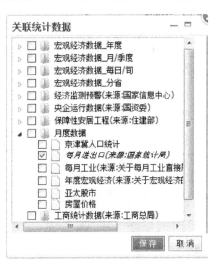

图 5-29　关联统计数据

② 设定 X 轴数据指标，如图 5-28 中选择"时间"字段。

③ 设置左 Y 轴和右 Y 轴的属性，左 Y 轴类型有折线图、柱状图、比例图三种供选择，右 Y 轴类型选择"折线图"，两轴均可设置显示单位，如图 5-28 所示，左轴为亿元，右轴为比率。

④ 添加两 Y 轴数据指标，根据"数据源信息"中的字段选择统计指标，即选择想要作为左 Y 轴指标的数据和右 Y 轴指标的数据，如图 5-29 所示，选择"进出口总额""进出口累计""出口金额""出口累计"作为左 Y 轴指标，选择"进出口同比""进出口累计同比""出口同比""出口累计同比"作为右 Y 轴。

设置完成"保存"后，"预览"结果如图 5-30 所示。

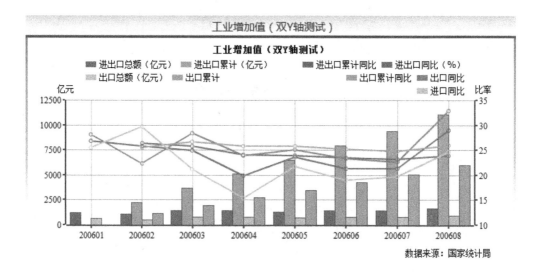

图 5-30 双 Y 轴图预览

(6) 面积图

面积图与折线图相似，强调数量随时间而变化的程度，不同的是面积图在折线下面的区域填充不同的颜色以强调总值，引起人们对总值趋势的注意。面积图包括层叠面积图、堆叠面积图、百分比堆叠面积图。

实现面积图需要配置的参数如图 5-31 所示。

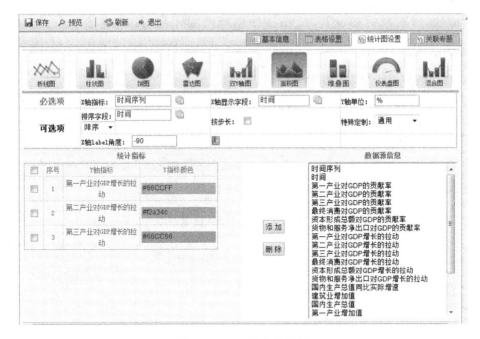

图 5-31 面积图参数配置

面积图的主要参数配置如下。

① 关联统计数据,以"GDP 走势_年度"数据为例,如图 5-32、图 5-33 所示。

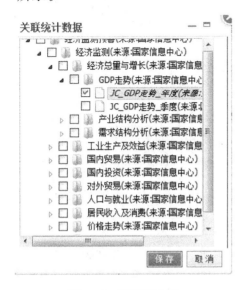

图 5-32 数据源信息

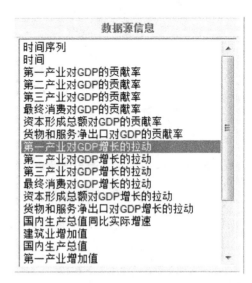

图 5-33 关联统计数据

② 统计图坐标轴设置，X 轴指标选择时间序列，X 轴显示字段、排序字段均选择时间，Y 轴单位设为%，Y 轴指标在"数据源信息"中选择（如图 5-33 所示，选择"第一产业对 GDP 增长的拉动"）。

③ 统计指标数据字段选择，用于绘制面积图，如图 5-33 所示。示例中由于要反映三个产业对 GDP 增长的拉动情况，所以选择"第一产业对 GDP 增长的拉动""第二产业对 GDP 增长的拉动""第三产业对 GDP 增长的拉动"三个字段。

设置完成"保存"后，"预览"结果如图 5-34 所示。

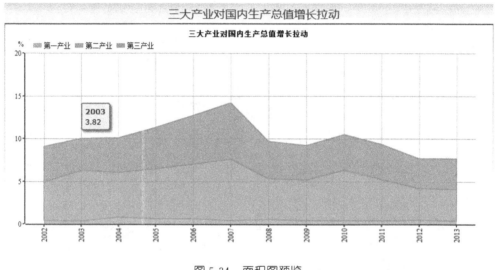

图 5-34　面积图预览

（7）堆叠图

堆叠图有二维、三维多种形式，本书只介绍柱状堆叠图的交互式构建。柱状堆叠图与普通柱状图有些相似，均用长方形来表示，只不过堆叠图的长方形高度不代表数值之间的对比，表达的是 100%，而同一竖条的长方形面积中有多种元素，以每个元素的面积表达占比。

实现堆叠图需要配置的参数如图 5-35 所示（以三大产业对国内生产总值增长贡献率为例）。

图 5-35　堆叠图参数配置

堆叠图的主要参数配置如下。

① 关联数据，如图 5-36、图 5-37 所示，选择"JC_GDP 走势_年度"进行功能定制。

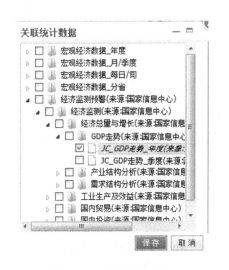

图 5-36　关联统计数据

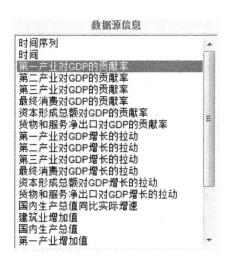

图 5-37　数据源信息

② 坐标轴设置。X 轴指标选择时间序列，X 轴显示字段、排序字段均选择时间，Y 轴单位设为%，Y 轴指标需要在"数据源信息"中选择，如图 5-37 所示。

③ 统计指标选择及可视化设置。如图 5-35 所示，由于要反映历年三大产业对国内生产总值增长贡献率情况，所以 Y 轴指标数据字段选择"第一产业对 GDP 的贡献率""第二产业对 GDP 的贡献率""第三产业对 GDP 的贡献率"。

设置完成"保存"后，"预览"结果如图 5-38 所示。

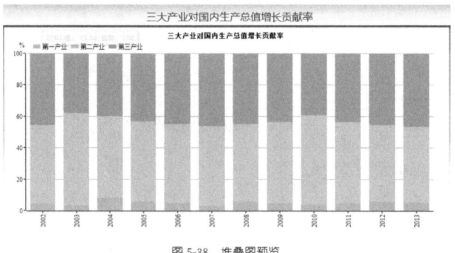

图 5-38　堆叠图预览

(8) 仪表盘图

"仪表盘"是指有刻度的圆盘，仪表盘图是利用指针运行和刻度指向来表达数据指标的统计图。仪表盘能够快速传达有效信息，具有视觉上的冲击力，在反映目标完成率、绩效等方面应用广泛。

实现仪表盘图需要配置的参数如图 5-39 所示（以"宏观一致指数"仪表盘图为例）。

仪表盘图的主要参数配置如下。

① 选择统计关联数据，如图 5-40、图 5-41 所示，选择"一致指数"进行功能定制。

图 5-39　仪表盘图参数配置

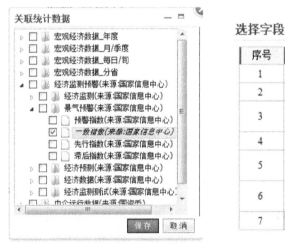

图 5-40　关联统计数据　　　　图 5-41　选择字段

② 设置"表盘名称",即所设置的图表盘的名称。

③ 选择表盘指标,即表盘内容应按什么数据指标显示,如图 5-41 所示,可选择"宏观一致指数"。

④ 表盘刻度设置,包括最大值、最小值、刻度区间分段数等。

⑤ 表盘数据字段添加,"表盘数据"即所要显示的指数为什么时间的数

据,可以按"时间"字段进行设置,只需要一条记录数据,如图 5-39 所示,可选择时间为 2014.07 的数据记录。

⑥ 设置"控制范围",是指从最小值到最大值,刻度盘分为几种颜色;在图 5-39 示例中分为五种颜色。

设置完成"保存"后,"预览"结果如图 5-42 所示。

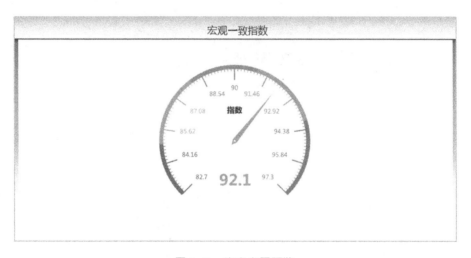

图 5-42　仪表盘图预览

(9) 混合图

混合图是柱状图和折线图、比例图的合成图,即有些指标表现为柱状图,有些指标表现为折线图,当两种样式都存在时,称为"混合图"。

实现混合图需要配置的参数如图 5-43 所示(以"支出法 GDP 需求结构发展"混合图为例)。

混合图的主要参数配置如下。

① 统计数据关联选择,如图 5-43 所示的示例,数据表选择"JC_需求结构分析_年度"。

② 坐标轴属性设置,如图 5-43 所示的示例,X 轴指标选择"时间",X 轴显示字段、排序字段均选择"时间",Y 轴单位设为"亿元"。

③ Y 轴数据指标选择设置,如图 5-43 所示的示例,选择"支出法生产总值资本形成总额""支出法生产总值货物和服务净出口""支出法生产总值最

终消费""支出法生产总值"四个 Y 轴指标，相应地可设置每个指标的统计图类型。示例中前三个指标采用比例图，最后一个指标采用折线图。

图 5-43　混合图参数配置

设置完成"保存"后，"预览"结果如图 5-44 所示。

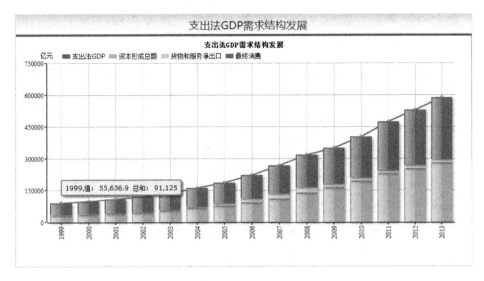

图 5-44　混合图预览

5.2.3 知识服务构建工具

知识管理工具主要通过结合专家及专题知识对政府数据资源进行有效整合与动态关联,并充分挖掘和利用资源之间的语义关系,最大程度上优化资源搜索粒度和深度,在支持原数据的存储、访问、搜索等功能的基础上,能够实现关联知识的自动推荐、延伸阅读与动态展示等强化功能。同时,知识管理工具的标准化服务接口可为资源整合、综合管理及智能搜索提供技术支撑。

面向主题的知识服务构建流程如图 5-45 所示。

知识管理工具主要包括:主题提取、自动分类、知识关联、知识资源管理等四大功能模块。主题提取可细分为专题主题关键词库构建、主题关键词提取、主题词的反馈与学习、近期热点词提取;自动分类可细分为知识谱系的构建、文档自动分类、分类结果的学习;知识关联可细分为知识地图展示、智能推荐、检索结果分类;知识资源管理可细分为专题主题关键词词库管理、热点词词典管理、知识谱系管理。

知识管理工具功能模块主要组成如图 5-46 所示。

(1) 主题提取模块

主题提取模块为数据整合工具、检索服务工具提供相应的主题知识支持。主题提取模块主要功能如图 5-47 所示。

① 专题主题关键词库构建:根据不同专题的主题、内容及指标等特征属性,通过各个领域专家或互联网搜索关键字的排序等方法,针对常用的主题信息内容,搜集和整理主题相关的关键词汇,构建各个专题主题的关键词库,如空间信息专题关键词库、经济信息专题关键词库等。

② 主题关键词提取:基于自然语言处理技术、语义分析技术、词频词汇提取技术、关键词提取技术等关键技术,研究文本信息的关键字提取算法,充分利用文本分析、语义相似度计算等方法,实现对各专题文本进行摘要及关键字提取,同时将该文档归类到相应的主题类别下,并结合主题关键词库中主题关键词的特征,过滤和提炼该主题相关的重要关键词。

政务信息资源主题化应用服务实现工具 第5章

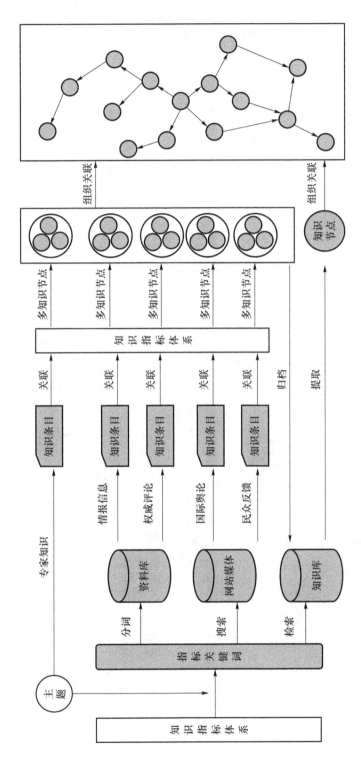

图 5-45 面向主题的知识服务构建流程

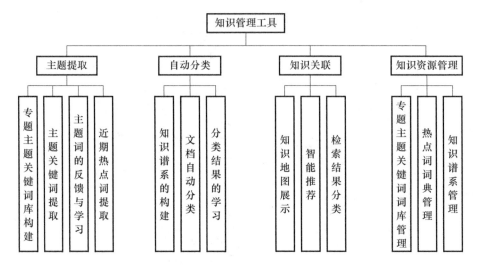

图 5-46　知识管理工具功能图

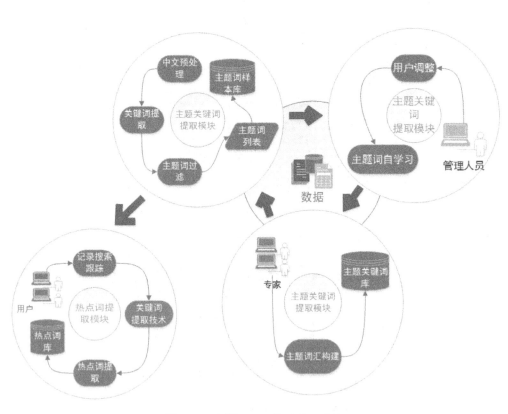

图 5-47　主题提取模块功能示意图

③ 主题词的反馈与学习:根据主题关键词提取模块的结果,并针对用户对结果的满意程度及充分利用用户自身检索的主题关键词,自动形成主题词的样本示例库,通过主题关键词样本库的测试,设计相应的主题词库更新算法,对主题词库中各主题词条目进行重新增加或修改,从而实现及时修正和补充各专题主题的特征关键词,完善专题主题的关键词库,提高主题关键词提取的准确率。

④ 近期热点词提取:通过记录登录用户的搜索痕迹,阶段性地统计近期发布的新闻、报道等热点事件及用户检索的热点词汇与资料等信息,返回某段时间内系统的热点词汇,形成该时间段内的系统热点词汇集合,构建相应的热点词汇库。

(2) 自动分类模块

自动分类模块为数据整合工具、检索服务工具提供相应的文档归类与聚类等功能支持。

① 知识谱系的构建:根据整合与梳理的政务信息资源,利用目录组件中构建的各类型的指标因子,设计知识分类体系构建模块,实现各栏目类型之间的语义关联及每个分类类别与其设计的语义因子的动态关联,完成整合工具后的统一的知识分类体系的构建。

② 文档自动分类:自动提取文档信息中的主题类型、内容特征、主体/客体对象等关键属性信息,设计综合的文本语义相似度计算方法,实现基于各部分不同权重动态设计的文档自动分类,使得文档能够自动归类到事先划分好的知识分类体系中的各个分类节点/栏目中,而针对无法归类的文档,则根据文本聚类方法,对这些文档集进行自动聚类,从而实现多源、多维文档知识的归类整理。

③ 分类结果的学习:根据自动分类结果,用户可以修改分类或者对分类结果进行评价,使得能够通过人工对自动分类结果进行修改和校正,自动形成各类别的文档分类样本库,然后利用已有分类样本集合,对文档归类算法

进行自我学习和阈值调整,提高文档归类的正确率。

(3) 知识关联模块

知识关联模块作为检索服务工具的检索结果显示和知识地图展示提供相应的知识关联与分类关联等功能支持。

① 知识地图展示:根据知识库中各类别知识的相互关联和文档实例归类集合,利用图形化界面表达方式,针对知识分类/栏目之间的包含、相关等关联关系以树状/图状的图形化方式进行友好展示,使得用户能够根据自己的需要,查看相关文档所属的类别及与此类别相关的其他相关知识,为用户对知识库的关联提供图形化学习方法。

② 智能推荐:根据用户日常查询和关注的信息类型及某段时间内搜索的相关文档,利用知识库中不同知识类别之间的关联关系,对用户可能感兴趣的其他相关分类进行智能推荐,使得用户能够在查询某类信息的同时,方便地随时查看其相关的信息内容,实现面向用户的知识智能化的有效应用。

③ 检索结果分类:利用知识库中知识分类体系的关联关系,根据系统默认/用户自身设定显示模式和排序方式,针对用户搜索的结果,按照用户感兴趣的知识分类/栏目的程度,进行有序的排列和显示,实现信息结果的分类、模块等方式的友好显示。

(4) 知识资源管理模块

知识资源管理模块用于对知识管理工具中的各种数据资源进行管理、更新与维护。数据资源管理层次如图5-48所示。

① 专题主题关键词词库管理:通过关键词定制及专题主题关键词的自我学习,管理人员需要根据应用要求,增加或更改不同的主题类别及主题关键词的词汇,因此针对专题主题关键词的词库,需要实现对词库条目的增加、删除、更新等管理维护的操作模块。

② 热点词词典管理:针对近期热点词汇形成的热点词汇词典,管理人员能够根据互联网上最近受关注的热点事件,对词典中的热点词条目进行增

加、删除、更新等管理维护操作,实现对热点词汇的统一管理和持续更新功能。

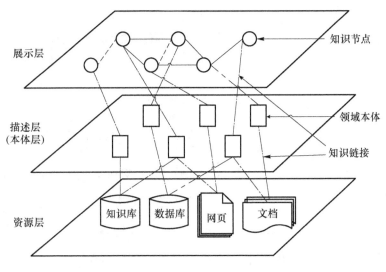

图 5-48　数据资源管理层次图

③ 知识谱系管理:针对知识谱系的知识分类中各分类节点信息的管理,构建知识谱系界面管理工具,使得管理员根据不同专家、用户的反馈意见,通过知识谱系管理工具,实现对知识谱系中知识类别的增加、删除、更新等管理维护操作。

5.2.4　联机分析构建工具

联机分析功能构建,用于非脚本交互式构建专题信息服务系统的联机分析功能,可快速建立一定的数据立方体,从而实现对数据进行一系列的分析。通过参数配置可实现对系列数据的一元回归分析、多元回归分析、聚类分析、指数平滑分析、移动平均分析等多种方法分析。

(1) 数据立方体构建

首先选择展示方式,选项有单独多维表、多维表和统计图、多维报表三种,如图 5-49 所示。以建立"政府采购业务量分析立方体"为例,选择"单独多维表"进行展示。

图 5-49　展示方式

其次进行数据立方体选择。仍以建立"政府采购业务量分析立方体"为例，在关键词中输入"政府、采购"关键词，选择"财经行业"下的"政府采购业务"，再选择"政府采购业务量分析"数据，界面如图 5-50 所示。

"维度"列表中出现了政府采购的多个属性，选择"年度"作为行维度，再选择"物品大类"作为列维度，分别添加至"行维度"栏和"列维度"栏。然后选择指标中的"计划金额"至"指标"栏。设置完成如图 5-50 所示。

图 5-50　设置信息

“确认选择”后，返回上一层页面进行“保存”，参数配置结果如图 5-51 所示。

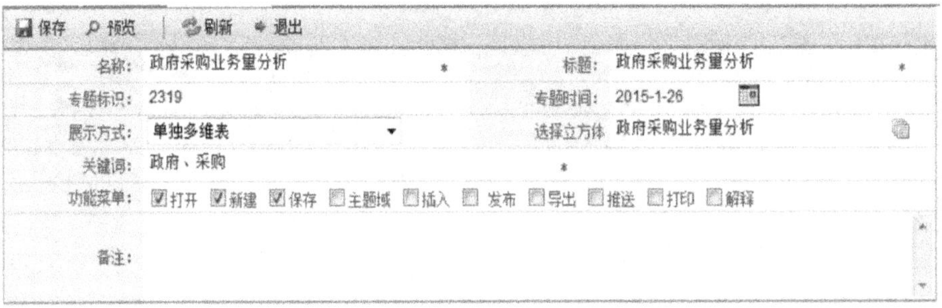

图 5-51　联机分析参数配置结果

之后便可预览单维表，并进行表格的相关操作。联机分析功能预览如图 5-52 所示。

导出 打印 数据分析

	年度	
	2014年	2013年
物品大类	计划金额(元)	计划金额(元)
服务类	6,411,354,146	61,258,567,530
工程类	8,600,215,548	80,050,429,750
货物类	10,122,057,458	99,327,113,589

图 5-52　联机分析功能预览

基于“年度”“物品大类”等维度，可进行升序、移动、行列互换等操作，基于维度的操作如图 5-53 所示。

基于“计划金额”等指标可进行计算、属性、筛选、排序等操作。例如“计算”的子项包括上期值、同期值、增减额等。基于指标的操作如图 5-54、图 5-55 所示。

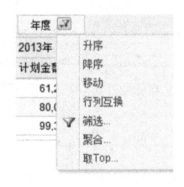

图 5-53　基于维度的操作

图 5-54 指标"计划金额"的相关操作　　　　图 5-55 上期值

(2) 数据分析

基于数据立方体,可以进行"数据分析"操作。数据分析操所如图 5-56 所示。

图 5-56 数据分析

◇ 一元线性回归分析,是指成对的两个变量数据的散点图呈现直线趋势,采用最小二乘法,找到两者之间的经验公式。

◇ 多元回归分析,是指分析多个因变量和多个自变量之间的相关关系。

◇ 聚类分析,是指将物理或抽象对象的集合分组为由类似的对象组成的多个类的分析过程。

◇ 指数平滑分析,是一种常用的时间序列预测方法,用于平滑历史数据并预测未来的趋势。

◇ 移动平均分析，是根据时间序列逐项推移，依次计算包含一定项数的时序平均法，以预测长期趋势。

◇ 直方图分析，是比较直观地看出产品质量特性的分布状态的方法。

这几种方法都是数据分析中常用到的分析方法。选择其中一种方式进行分析，下面的说明框相应地显示其功能说明，如图 5-57 所示。

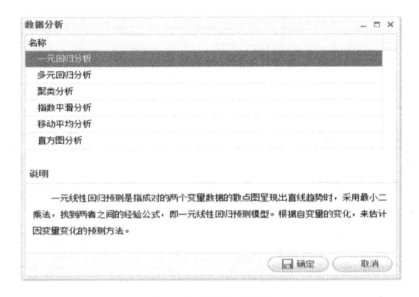

图 5-57　数据分析说明

选中"一元回归分析"，"说明"框中会出现对一元回归分析的明确解释，点击"确定"按钮即可利用一元回归分析方法进行分析，结果被保存，可以点击查看。

5.2.5　检索服务构建工具

检索服务构建用于实现主题相关的基于关键词的相关信息动态检索功能。通过该功能可以定义主题词，快速实现检索模块。

需要配置的参数包括检索服务名称、主题词、检索数据库范围、显示记录数、显示方式等。检索功能配置基本信息如图5-58所示。

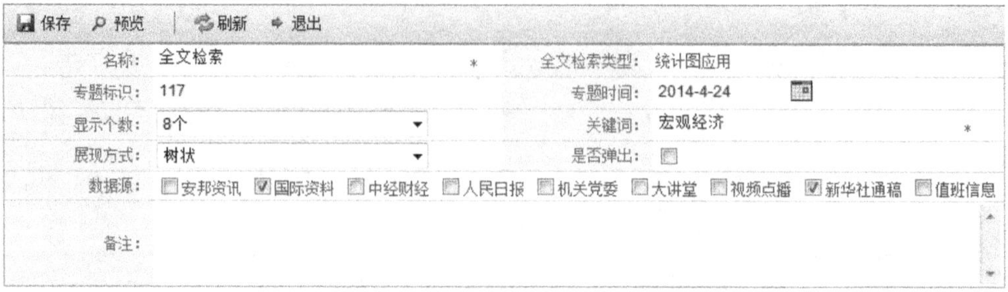

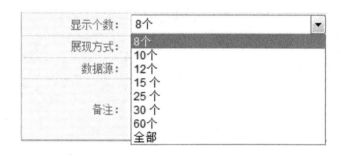

图 5-58　检索功能配置基本信息

① 检索范围：可配置全库或对部分数据库检索。

② 显示个数：可根据需要选择展示界面中的显示记录个数，有8个、10个、12个、15个等选项。全文检索结果显示数量设置如图5-59所示。

图 5-59　全文检索结果显示数量设置

③ 展现方式：包括平铺和树状两种展现方式，根据需要选择。全文检索结果展示方式设置如图5-60所示。

图 5-60　全文检索结果展示方式设置

如果选择"国际资料"和"新华社通稿"两个数据源，设置完成后点击"保存"按钮，再点击"预览"，结果如图5-61所示。

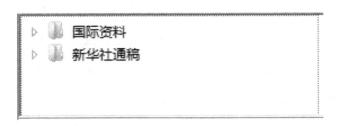

图 5-61 检索结果预览

这便是来自数据源"国际资料"和"新华社通稿"两个数据源的查询检索结果,其中国际资料中的检索结果如图 5-62 所示。

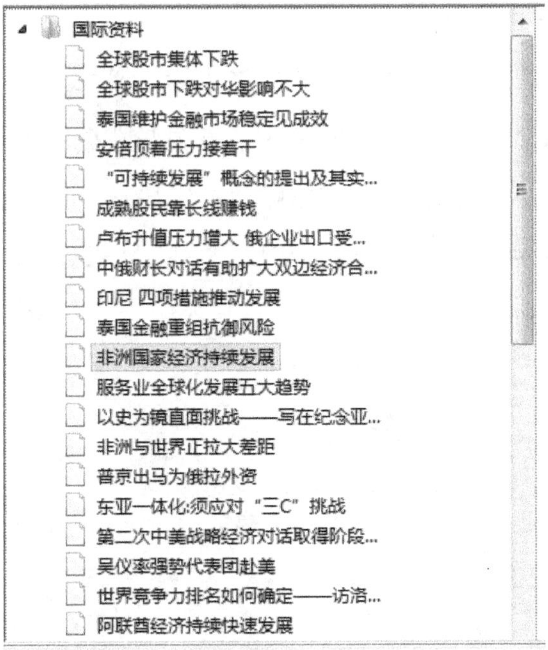

图 5-62 国际资料中的检索结果

5.2.6 统计报表功能构建工具

统计报表是指对一系列的数据按一定的规则进行排列,一般包括总标题、横栏标题、纵栏标题、数字资料、单位、备注等,统计报表以表格的形式表达统计资料数量关系,反映事物的全貌及蕴含的特性,省去冗长的文字叙述,同时也便于分析、对比和计算。政务系统工作人员日常工作中经常需要将不同的统计数据按某种特定的要求构建出新的统计数据表格,因此,统计报表是政务信息资源整合服务的一种方式。

数据经抽取整理后进一步表格化,便形成统计报表。通过信息化手段,实现从不同数据库、不同数据表中抽取统计数据构建新的统计表的过程称为报表构建。统计报表通常是由纵横交叉线条所绘制的表格,因此,统计报表构建工具的主要功能包括报表表头定义、数据指标管理、表格排序字段设置、数据字典维护、报表发布等。

① **报表表头定义**:根据数据源的数据指标定义表头字段。

② **数据指标管理**:基于添加的表头信息关联数据源中的数据指标。

③ **表格排序字段设置**:选择表格排序的字段,还可进行升序、降序操作。例如选择"时间序列"字段作为排序字段,选中后"保存"即可。表格排序字段设置如图 5-63 所示。

图 5-63　表格排序字段设置

④ **数据字典维护**：数据字典管理维护，可进行字典名称修改、保存、删除等操作。数据字典维护如图 5-64 所示。

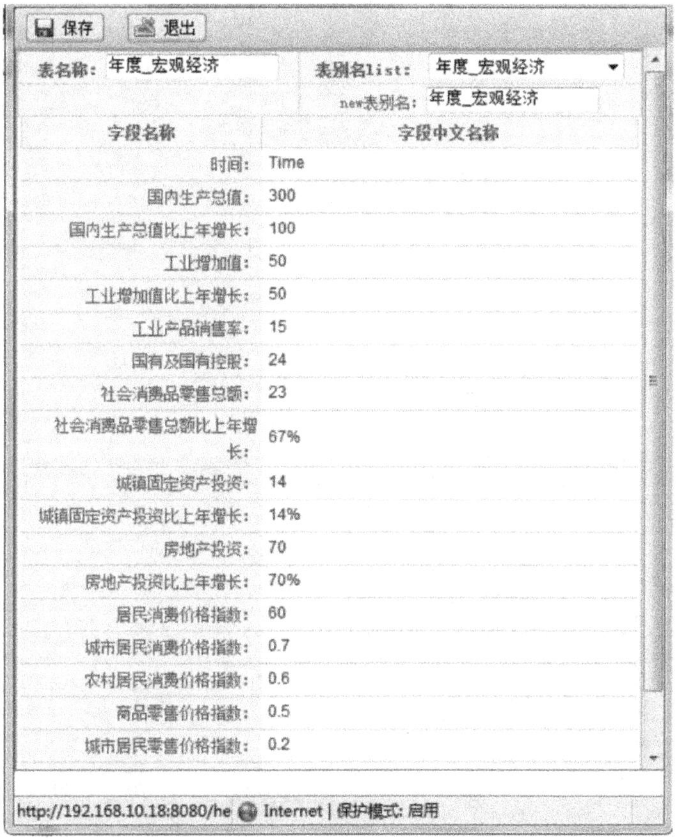

图 5-64　数据字典维护

⑤ **报表发布**：报表设置完成保存后，可根据需要选择是否发布。

例如建立"国内生产总值 GDP"数据报表，其相关参数设置如图 5-65 所示。

"保存"后，选择"预览"，可浏览查看报表构建结果界面，报表中的表头信息即为所选的相关数据字段。预览结果如图 5-66、图 5-67 所示。

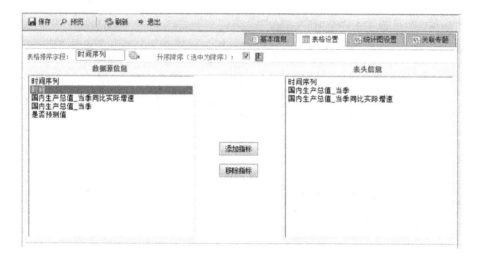

图 5-65　报表构建参数设置

时间序列	国内生产总值_当季	国内生产总值_当季同比实际增速
2009-06	78386.7	8.31
2009-09	83099.7	9.61
2009-12	109599.5	11.46
2010-03	82613.4	12.1
2010-06	92265.4	10.4
2010-09	97747.9	9.78
2010-12	128886.1	9.74
2011-03	97479.54	9.81
2011-06	109008.57	9.53
2011-09	115856.56	9.11
2011-12	150759.38	8.93

图 5-66　单一表头报表预览

1-3-1-2　1978-2005年各项税收（亿元）

年　份	税收合计						
	合计	增值税	营业税	消费税	关税	农业各税	企业所得税
1978	519.28	0	0	0	28.76	28.4	0
1980	571.7	0	0	0	33.53	27.67	0
1985	2040.79	147.7	211.07	0	205.21	42.05	696.06
1989	2727.4	430.83	487.3	0	181.54	84.94	700.43
1990	2821.86	400	515.75	0	159.01	87.86	716
1991	2990.17	406.36	564	0	187.28	90.65	731.13
1992	3296.91	705.93	658.67	0	212.75	119.17	720.78
1993	4255.3	1081.48	966.09	0	256.47	125.74	678.6
1994	5126.88	2308.34	670.02	487.4	272.68	231.49	708.49
1995	6038.04	2602.33	865.56	541.48	291.83	278.09	878.44

图 5-67　复杂报表预览

5.2.7 信息发布工具

信息发布工具基于功能定制的结果,面向为用户提供动态、个性化、知识化综合信息服务的需求,实现专题服务站点的内容管理和栏目管理、服务发布,基于网络提供专题信息服务。

信息发布工具主要包括网站管理和信息发布两部分。信息发布工具功能模块如图 5-68 所示。

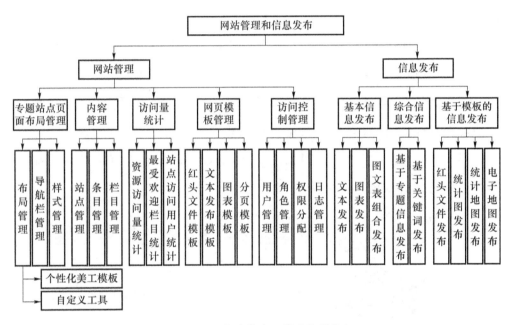

图 5-68 信息发布工具功能模块

1)网站管理

网站管理用于实现专题信息服务系统站点的规划设计和定义,包括专题站点页面布局管理、内容管理、访问量统计、网页模板管理、访问控制管理等。

(1)专题站点页面布局管理

专题站点页面布局管理包括布局管理、导航栏管理、样式管理等功能,其中布局管理包括个性化美工模板和自定义工具。这个功能主要是定制网站的样式、布局等。

布局管理：提供所见即所得的网站页面布局管理功能，设计者可以先进行 UI 页面布局规划，然后定义栏目或选择专题系统的栏目添加到布局页面，之后可以设置所属该栏目的条目的显示方式，包括列表样式显示和滚动样式显示。同时，布局管理模块还支持图片上传功能，基于定义的栏目设计者可以进行图片上传、设置 URL 链接等，通过图片 URL 链接，可以链接到指定网站。布局管理模块还支持页面内各栏目的拖拽布局以及单元格的拆分与合并等功能。

导航栏管理：可以对系统网站的导航栏进行管理，包括对导航栏内容的删除、更改导航栏内容的显示顺序等。

样式管理：又可分为网站样式管理和栏目样式管理。网站样式管理提供多套网站样式，设计者可以自由选择和替换网站样式，满足用户个性化需求；栏目样式管理可以设置栏目的显示样式，如列表、滚动、滑动等多种显示样式。栏目样式管理界面如图 5-69 所示。

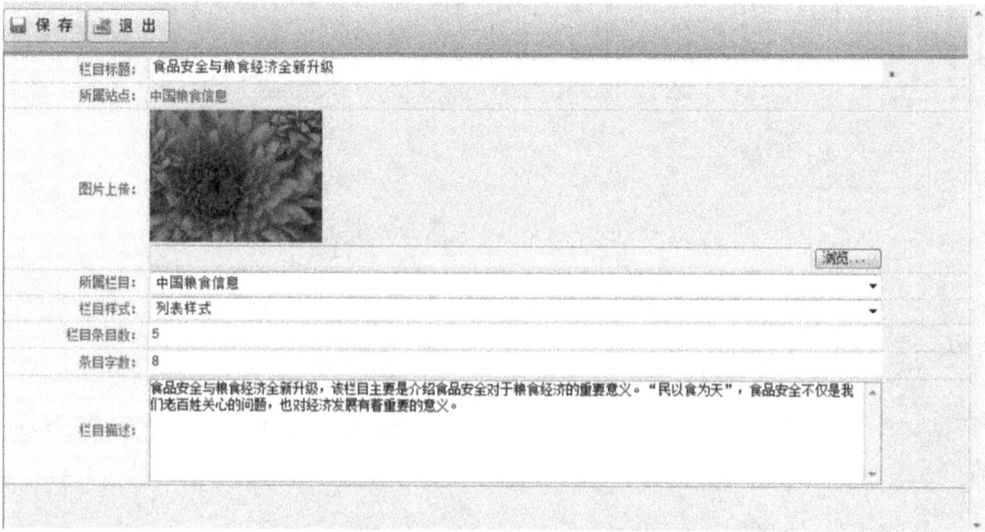

图 5-69　栏目样式管理界面

（2）内容管理

内容管理主要包括站点管理、栏目管理、条目管理等内容。

站点管理：实现对网站群所有网站的增删、维护功能。

栏目管理：选中专题站点后会列出该网站下的所有栏目，管理者可以方便地进行栏目编辑、维护，也可增加新栏目。栏目管理界面如图5-70所示。

图5-70　栏目管理界面

条目管理：管理者选择某栏目后，可对该栏目下的条目内容进行管理维护，包括新建条目、编辑条目标题、编辑和选择条目所属网站及所属栏目，并可上传该条目需要显示的图片、文档以及其他格式的数据，同时，可进行内容编辑。内容编辑支持多种格式，可以插入模板，从 Word 粘贴，一键排版，字体样式和大小设置，文字背景和颜色设置，文字粗体、斜体和是否有下划线设置，单个图片上传和多个图片上传，Flash 上传，Word、Excel 等格式文件的上传，插入文件、表格等多种功能。内容管理编辑界面如图 5-71 所示。

（3）访问量统计

访问量统计是指根据用户对资源、栏目、站点的访问次数进行统计，为信息资源评价提供数据支撑。访问量统计功能界面如图 5-72 所示。

图 5-71 内容管理编辑界面

图 5-72 访问量统计功能界面

（4）网页模板管理

网页模板管理包括红头文件模板、文本发布模板和图表模板等功能。红头文件模板是根据政府工作特色定制化开发的功能，通过红头文件模板用户可以方便快速地发布网页版的红头文件；文本发布模板是指利用普通的富文本编辑器完成普通页面的发布；图表模板是指给用户提供一种图、文、表混排的模板。

（5）访问控制管理

访问控制管理包括用户管理、角色管理、权限分配、日志管理等功能。用户管理用于实现专题系统各类用户的分组管理；角色管理用于设置用户不同的角色，根据用户角色设置用户的级别，实现用户权限的划分；权限分配用于实现对不同的角色赋予不同的功能权限，还可以对某一用户进行赋权操作；日志管理用于记录登录系统网站的每一位用户的每一次操作和后台系统运维人员做过的每一次网站运维记录。

2）信息发布

信息发布是指在网站设计管理的基础上，将定制的专题信息服务功能按条目或按栏目发布到网站相应栏目的过程。信息发布包含基本信息发布、综合信息发布、基于模板的信息发布等功能模块，网站管理人员可以根据个人爱好和用户需求灵活应用。

（1）基本信息发布

基本信息发布能够完成网站基本的信息发布要求，包括网站的栏目、条目、文本、图片等信息发布。

（2）综合信息发布

综合信息发布提供基于专题信息发布和基于关键词发布两种发布方式。

（3）基于模板的信息发布

基于模板的信息发布提供了多种类型的模板，可以发布多种不同类型的信息，如文本网页模板、表格网页模板、电子地图网页模板、统计图网页模板、统计地图网页模板、政府文件模板等网站发布模板，可以满足不同的应用需求。

5.3 可视化服务工具

可视化是指利用图形、图像处理和计算机视觉以及用户界面，通过表达、建模以及立体、表面、属性、动画等方式展示数据。可视化服务工具用于支撑专题构建后的专题信息可视化展示服务，包括统计图表、统计报表、二维地图、三维地图、知识地图等可视化服务组件。通过简单、便捷的操作，为用户提供形式丰富、体验良好的数据可视化展示效果。可视化服务工具功能模块如图 5-73 所示。

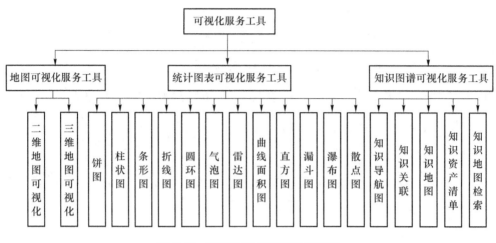

图 5-73 可视化服务工具功能模块

可视化服务工作流程从用户访问到程序作出响应,包括可视化访问、查询条件过滤、数据访问服务、可视化服务、数据展示等过程。可视化分布服务工作流程如图 5-74 所示。

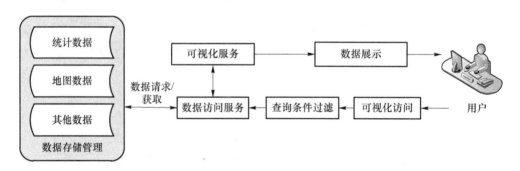

图 5-74 可视化分布服务工作流程图

5.3.1 地图可视化服务工具

地图可视化服务工具用于实现面向用户的政务地理信息可视化服务。利用地图服务构建工具完成基础地理信息服务和基于基础地理信息的专题

政务信息资源主题化应用服务实现工具　第5章

地理信息展示服务的功能定制、参数配置后,地图可视化服务工具以组件、API等形式支撑各类地理信息的查询浏览、动态展示、空间统计分析等。地图可视化服务工具又分为二维地图可视化、三维地图可视化。

（1）二维地图可视化

二维地图可视化针对基础地理空间数据、专题地理信息数据和带有位置信息的统计数据,实现基于二维地图的可视化展示,包括基础地图浏览、分级统计地图、分区统计地图、时态对比地图、热度地图、复合地图等可视化展示方式。基础地图浏览支持矢量地图、影像地图两种地图格式。分级统计图是按照专题数据,将地图区域按照颜色深浅表示指标。分区统计图将统计图与地图相结合,统计图用于表达专题指标内容。时态对比地图实现多时态地图数据动态展示。热度地图展示将专题数据指标用不同深浅的颜色绘制专题图层,并叠加在基础地图上,反映事物发展的热度空间。复合地图可实现上述两种或多种地图的叠加展示。二维地图可视化效果如图5-75所示。

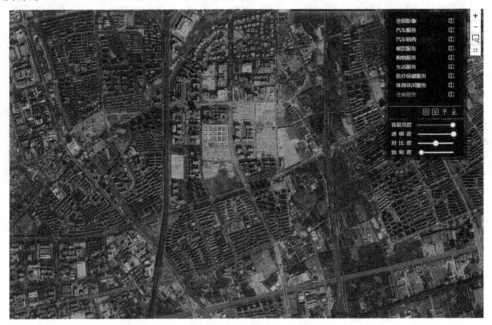

图5-75　二维地图可视化效果

（2）三维地图可视化

三维地图可视化在数字孪生建模、实景三维建模的基础上，实现基于三维地理场景的地物或相关数据的可视化表达。通过数字孪生、实景三维等技术实现的数字化呈现，将物体或空间的信息以直观的方式展示给用户，从而方便用户理解、分析和决策。三维地图可视化支持大范围三维实景可视化展示、城市模型和三维建筑模型加载展示、三维专题图形叠加可视化等功能，一方面实现地图数据、孪生模型三维展示，另一方面实现数据信息的三维效果可视化。三维地图可视化效果如图 5-76 所示。

图 5-76　三维地图可视化效果

5.3.2　统计图表可视化服务工具

统计图表可视化服务工具可实现对各种统计数据、分析结果的统一组织管理和视觉图形化表达展示,直观反映事物的现状和趋势。统计图表可视化服务工具支持饼图、柱状图、条形图、折线图、圆环图、气泡图、雷达图、曲线面积图、直方图、漏斗图、瀑布图、散点图等多种表现方式。统计图表可视化工具如图5-77所示。

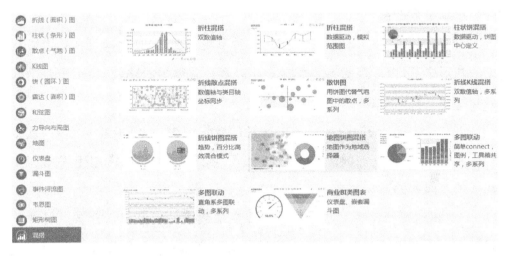

图5-77 统计图表可视化工具

(1)饼图。饼图用圆形及圆内扇形的角度来表示数值大小,它表示每个数据点值相对于整个系列数据总和的比例。通常将圆形饼图划分为几个扇形,每个扇形的弧长(以及圆心角和面积)大小,表示该种类占总体的比例,且这些扇形合在一起刚好是一个完全的圆形,饼图最显著的功能在于表现"占比"。

(2)柱状图。柱状图展示多个分类的数据变化和同类别各变量之间的比较情况,适用于对比分类数据。相似的图表还有堆积柱状图、百分比堆积柱状图,堆积柱状图用于比较同类别各变量和不同类别变量总和差异;百分比堆积柱状图适合展示同类别的每个变量的比例。

(3)条形图。条形图是一种以长方形的长度为变量的统计图表,用来进行多个对象数值的对比分析,只有一个变量,通常用于较小的数据集分析。条形图亦可横向排列,或用多维方式表达。

(4) 折线图。折线图是一个由笛卡儿坐标系(直角坐标系)、一些点和线组成的统计图表,常用来表示随时间(根据常用比例设置)而变化的连续数据,非常适用于显示在相等时间间隔下数据的趋势。在折线图中,类别数据沿水平轴均匀分布,要表达的数据沿垂直轴均匀分布,同时可以显示数据点以表示单个数据值。

(5) 圆环图。圆环图属于饼图的一种可视化变形,是数据可视化中最常见的图形之一,用于观测各类数据大小以及占总数据的比例,显示了各个部分与整体之间的关系。

(6) 气泡图。气泡图是一种多变量的统计图表,由笛卡儿坐标系(直角坐标系)和大小不一的圆组成,可以看作散点图的变形,通常用于展示和比较数据之间的关系和分布。

(7) 雷达图。雷达图是一种显示多变量数据的图形表示方法。通常从同一中心点开始等角度间隔地射出三个以上的轴,每个轴代表一个特定变量或指标,可以用来在变量间进行对比,或者查看变量中有没有异常值。

(8) 曲线面积图。曲线面积图,或称区域图,是一种反映随有序变量变化而变化的数值的统计图表,原理与折线图相似。曲线面积图的特点在于折线与自变量坐标轴之间的区域以颜色或纹理填充。

(9) 直方图。直方图又称质量分布图,用于表示数据的分布情况,是一种常见的统计图表。一般用横轴表示数据区间,纵轴表示分布情况,柱子越高,则落在该区间的数量越大。

(10) 漏斗图。漏斗图用梯形面积表示某个环节业务量与上一个环节之间的差异,适用于有固定流程并且环节较多的分析,可以直观地显示转化率和流失率。

(11) 瀑布图。瀑布图是经营分析工作中的常用图表,用来解释从一个数字到另一个数字的变化过程,通常采用绝对值与相对值结合的方式,适用于表达数个特定数值之间的数量变化关系。瀑布图由一个长柱体及多个短柱体组成,其核心是按照一种属性分解数据。

(12)散点图。散点图是指数据点在直角坐标系平面上的分布图,散点图表示因变量随自变量而变化的大致趋势,据此可以选择合适的函数对数据点进行拟合。散点图将序列显示为一组点,值由点在图表中的位置表示,类别由图表中的不同标记表示。散点图通常用于比较跨类别的聚合数据。

5.3.3　知识图谱可视化服务工具

知识图谱又称知识地图,以图形化的方式展示知识的概念关系、知识点之间的关联关系。知识地图组件通过揭示社会领域之间的关系,如等级关系、相关关系等,实现数据与知识的提取和共享。每个知识节点与其他存在关系的节点相连,与相关的人员、数据相连,与相关的知识相连,这样就构成了一个知识网络,顺着这个网络,可以找到所有与节点相关的东西。

知识地图的主要应用形式为知识地图和知识专题:知识地图,图形化地显示各个主题之间的关联关系,为帮助用户了解需要的知识及其存储的位置等信息提供基础功能;知识专题,根据用户自己设定的相关主题,通过统一检索为其检索该主题的各类信息,并智能化地显示出来。

知识图谱可视化服务工具的主要功能模块组成包括:知识导航图、知识关联、知识资产清单、知识地图检索等。

(1)知识导航图

利用树形、网络或者框架图等形式列出系统中的知识概要,展示出知识之间的关系,以及指示知识资源的位置,使得用户能直观地了解知识框架,并能快速导航定位到需要的知识点。

(2)知识关联

以图形关联的方式展示知识节点之间的关系,以此展示知识、人或特定事件之间的关系,并通过知识之间的关联关系,实现知识信息的提取和发布。

(3) 知识资产清单

根据知识库的结构,以及知识的关联关系,实现知识的自动提取,形成知识清单,作为一种评估现有知识状况,展现现有资源情况,发现知识需要,完善知识数据库的工具。

(4) 知识地图检索

以用户的实际需求为导向,针对复杂问题,以问题为牵引,使用形式化的方法和技术,按概念、概念的属性、概念之间的关系、术语、规则等对知识进行识别,获取该领域内的专业知识谱系内容。首先,利用文本分词、数据库检索方法实现在核心资料库中抽取已经积累的知识条目和历史资料。其次,根据相关专家知识、理论方法、国内外权威舆论与评论、相关搜集情报信息获取特定主题的知识条目,将最新获取的知识条目入资料库处理。

第6章 政务信息资源主题化应用服务专题构建案例

笔者团队多年来致力于政务信息资源主题化应用服务领域的研究工作,在政务信息资源主题化应用服务方面积累了一定的经验和一些相对成功的案例。以下面几个典型案例分享一些研究成果和服务经验。

6.1 宏观经济运行情况专题信息服务系统构建

宏观经济运行情况专题信息服务系统利用信息资源专题构建工具,汇集政府内部、其他部门以及互联网的宏观经济运行相关数据资源,通过信息资源整合、专题构建、服务及可视化功能定制,构建宏观经济运行专题信息服务系统,实现宏观经济数据运行数据的可视化、查询检索等服务功能,为领导和相关业务部门提供宏观经济运行实况信息服务。宏观经济运行情况专题信息服务系统界面如图6-1所示。

图 6-1　宏观经济运行情况专题信息服务系统界面

6.1.1　宏观经济指标规划及数据整合

系统建设首先需要根据宏观经济运行情况系统的建设目标、用户需求，设计可以全面反映宏观经济运行情况的数据指标，进而实现基于指标的相关数据汇集、抽取、整合。

（1）宏观经济专题信息服务指标规划

依据《宏观经济研究》"中国宏观经济指标"的多期数据以及沈悦等[61]关于宏观经济指标的分析文章，宏观经济运行情况专题信息服务系统的指标可规划为经济增长、物价水平、对外经济、投资、消费、财政、金融、证券、就业等 9 个一级分类、23 个二级分类、65 个三级分类共 120 多个指标。宏观经济运行情况专题信息服务系统数据指标见表 6-1。

表 6-1 宏观经济运行情况专题信息服务系统数据指标

一级指标	二级指标	三级指标
经济增长	国内生产总值	国内生产总值
		第一产业
		第二产业
		第三产业
	工业增加值	规模以上工业企业
		国有及国有控股企业
		集体企业
		股份合作企业
		股份制企业
		外商及港澳台企业
	产品销售率	工业产品销售率
		国有及国有控股企业产品销售率
物价水平	CPI	居民消费价格指数
		城市居民消费价格指数
		农村居民消费价格指数
		商品零售价格指数
	生产资料	农业生产资料价格指数
	食品价格	猪肉价格
		牛肉价格
		粳米价格
		晚籼米价格
		标准粉价格
		花生油价格
		菜籽油价格
		豆油价格
		鸡蛋价格
	国际油价	WTI 期货收盘价
		WTI 现货收盘价
		布伦特期货收盘价
		布伦特现货收盘价
	金价	黄金期货价格

续 表

一级指标	二级指标	三级指标
对外经济	进出口总额	进出口总额
		出口总额
		进口总额
	外商投资项目	外商投资项目个数
	利用外资额	外商直接投资实际利用金额
投资	城镇固定资产投资	城镇固定资产投资
		国有及国有控股投资
		房地产开发投资
消费	国内消费	社会消费品零售总额
		城镇
		乡村
财政	财政收入	财政总收入(不含债务收入)
		中央本级收入
		地方本级收入
	税收	各项税收
	财政支出	财政总支出(不含债务支出)
		中央本级支出
		地方本级支出
金融	货币供应量	广义货币供应量(M2)
		狭义货币供应量(M1)
		市场货币流通量(M0)
	金融机构存贷款	金融机构各项存款
		金融机构各项贷款
	居民存款	城乡居民储蓄存款
	汇率	美元兑人民币
		欧元兑美元
证券	当日收盘	上证综指
		深证综指
		香港恒生指数
	当日成交额	上深两市成交额
		香港股市成交额

续表

一级指标	二级指标	三级指标
就业	城镇就业	城镇新增就业
		城镇失业率
		大城市失业率

（2）宏观经济指标相关数据整合

基于规划的系统分析服务指标，利用数据资源整合工具，汇集整合政府内部信息资源、各部门报送的宏观经济信息资源，实现宏观经济指标相关数据的自动提取、分类整合、关联处理，为专题系统构建和应用功能实现提供支撑。

主要整合工作如下。

构建宏观经济信息资源目录：按照信息服务主题，实现宏观经济数据指标的分类管理，形成信息资源目录。

数据资源分类整合：根据数据类型，将宏观经济指标数据按照统计数据、文本数据、多媒体数据、专题空间数据等进行数据整合处理，并实现数据资源与管理目录的关联挂接。

信息关联处理：实现系统数据间关联关系的标引功能，将不同数据指标建立关联关系，为系统的相关指标统计分析提供支撑。

6.1.2 系统结构及构建流程

1）系统结构

宏观经济运行情况专题信息服务系统部署在某政府机关办公内网上，采用B/S的多层软件架构，主要分为网络层、数据服务层、服务组件层和应用服务层。宏观经济运行情况专题信息服务系统的系统结构如图6-2所示。

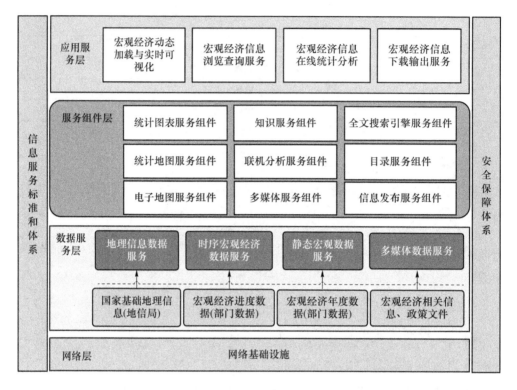

图 6-2 宏观经济运行情况专题信息服务系统的系统结构

（1）网络层

网络层作为基础，数据报送环节由因特网、政务专网、虚拟专用网等组成，最后某政府机关办公内网作为系统运行服务的支撑环境。

（2）数据服务层

数据服务层是宏观经济运行情况专题信息服务系统的基础。基于各部门报送的宏观经济进度数据、年度数据及基础地理信息数据，进行数据整合，形成宏观经济专题数据集，定制基础地理信息数据服务、月度经济统计数据服务、季度经济统计数据服务、年度经济统计数据服务、多媒体数据服务，为前端应用提供数据支撑。

（3）服务组件层

系统采用微服务方式，利用专题服务功能构建工具的功能组件，集成本系统的服务组件层。服务组件层包括统计图表、统计地图、电子地图、知识、联机分析、多媒体、全文搜索引擎、目录、信息发布等服务组件。

（4）应用服务层

应用服务层利用服务组件层提供的服务组件，通过定制开发，为用户提供宏观经济动态加载与实时可视化、信息浏览查询、信息在线统计分析、信息下载输出等服务。

2）构建流程

宏观经济运行情况专题信息服务系统构建流程主要包括数据整合、系统功能定制、专题组织、信息服务等过程，如图6-3所示。

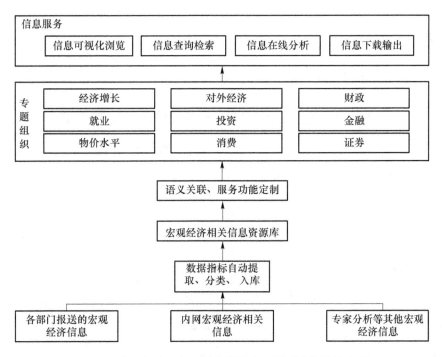

图6-3 宏观经济运行情况专题信息服务系统构建流程图

（1）数据整合

数据整合的主要功能流程包括宏观经济相关信息的数据获取、指标提取、分类入库、信息关联等，以形成宏观经济信息资源库。

（2）系统功能定制

基于宏观经济信息资源库，利用整合平台支撑工具进行系统功能定制，实现信息可视化、信息统计分析、打印输出等功能封装。

（3）专题组织

根据用户业务需求，按照主题对已实现功能定制的宏观经济运行情况专题信息进行发布、专题栏目组织。

（4）信息服务

面向用户，提供信息可视化浏览、查询检索、在线分析、下载输出等信息服务。

6.1.3 专题系统功能实现

通过系统设计与专题构建，宏观经济运行情况专题信息服务系统面向用户的服务功能包括统计信息多维可视化、多媒体信息可视化、信息查询检索、宏观经济信息分析、信息下载输出、信息资源评价等。

（1）统计信息多维可视化

统计信息多维可视化指根据宏观经济不同指标的特点，实现时序经济统计数据的多种图表方式表达、相关指标动态加载等功能。根据数据的时间-空间特点、数据类型等因素，宏观统计信息多维可视化可分为时间序列统计数据可视化、分地区统计数据可视化等。

时间序列统计数据可视化采用专题服务功能构建工具的指标运行图工具，采用统计图表可视化方式，实现时间序列统计数据的统计图表显示功能，反映宏观经济总体运行情况。统计图表类型包括折线图、直方图、柱状图等。相关功能包括指标数据的动态提示、缺省显示数据的时间范围定制、时间范围交互选取、绝对值与增长速度的切换、图表类型切换、某主题相关指标的动态加载、图例动态生成等。时间序列宏观经济统计数据可视化如图 6-4 所示。

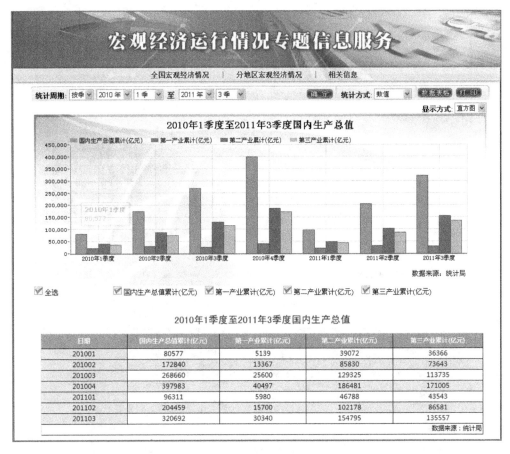

图 6-4　时间序列宏观经济统计数据可视化

分地区统计数据可视化基于行政区划地理数据，利用统计地图产品工具，通过参数封装与功能定制，实现各地区的宏观经济运行指标数据的可视化展示。分地区宏观经济统计数据可视化如图 6-5 所示。

（2）多媒体信息可视化

采用多媒体信息服务工具，实现宏观经济相关的分析报告、专家观点等文本、图片、视频信息的可视化展示。多媒体形式宏观经济信息可视化如图 6-6 所示。

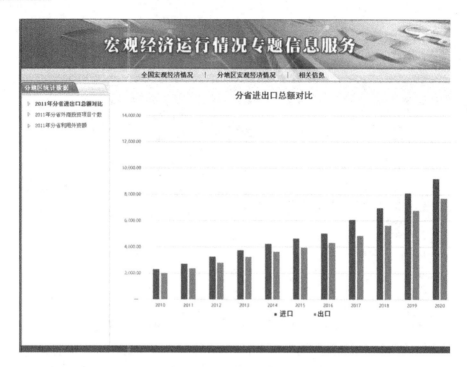

图 6-5　分地区宏观经济统计数据可视化

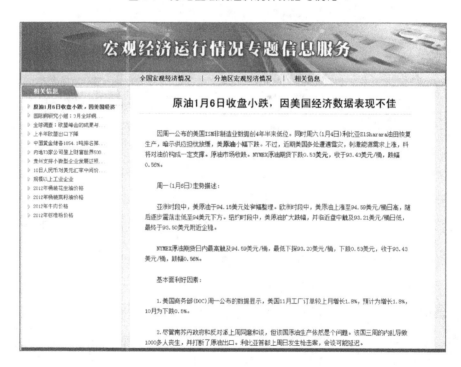

图 6-6　多媒体形式宏观经济信息可视化

(3) 信息查询检索

信息查询检索包括按时间的信息查询、基于关键词的信息检索、按主题的信息检索以及相关信息推荐等。宏观经济信息查询检索功能如图 6-7 所示。

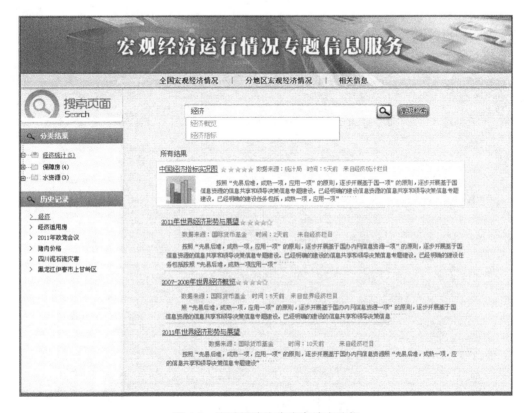

图 6-7　宏观经济信息查询检索功能

按时间的信息查询可实现按栏目的任意时间进行宏观经济数据的查询、快速可视化。

基于关键词的信息检索基于本体、语义关联等技术，实现基于关键词的全文检索功能。

按主题的信息检索通过专题定制，实现主题相关信息检索功能。

相关信息推荐通过语义关联、知识关联等相关信息关联技术，为用户推荐与检索内容相关的信息。

(4) 宏观经济信息分析

基于基本指标数据，通过关联分析、汇总、平均等算法的实现，实现不同时间尺度数据指标的提取、指标相关性分析等功能。宏观经济信息分析功能如图 6-8 所示。

图 6-8　宏观经济信息分析功能

数据分析计算根据高时间分辨率的数据分析计算较粗时间尺度的数据指标，如根据每日的粮油价格分析计算每周、每旬的粮油价格等。

指标相关分析基于简单的经济分析模型，实现宏观经济指标相关分析、预测分析等。

(5) 信息下载输出

信息下载输出主要实现宏观经济信息数据、图件的下载、打印等，包括当前窗口显示的统计图表的图片化存储、当前窗口显示的统计地图的图片化存储、指定范围的指标数据下载以及统计图表、统计地图的精细化打印等。宏观经济信息下载输出等功能如图 6-9 所示。

图 6-9　宏观经济信息下载输出

(6) 信息资源评价

信息资源评价包括访问日志管理、信息资源评价、定性评价、定量评价等功能。宏观经济信息资源评价功能如图 6-10 所示。

访问日志管理：通过功能定制实现系统访问日志的自动生成与管理。

信息资源评价：通过对访问日志进行分析实现宏观经济信息资源的评价分析。信息资源评价分为定性评价和定量评价。

图 6-10　宏观经济信息资源评价

定性评价：为用户提供信息评价界面，可分为好、一般、差等级别。

定量评价：基于访问量，通过统计分析，量化形成系统栏目、指标的访问量排行榜，基于此得出质量评价（好、一般、差）。

6.2　经济监测预警专题信息服务系统构建

经济监测预警专题信息服务系统利用信息资源主题化应用服务实现相关工具，汇集政府部门、国际组织、社会组织等多渠道发布的经济信息、经济形势分析信息、市场动态信息、境外媒体对中国经济的分析评论等，通过应用功能定制开发，构建经济监测预警专题信息服务系统，实现经济运行监测、追踪分析和预警预测，为领导进行经济管理决策提供参考。经济监测预警专题信息服务系统主界面如图 6-11 所示。

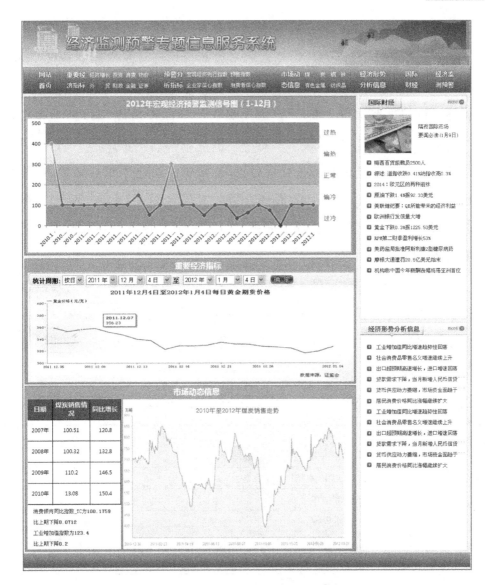

图 6-11 经济监测预警专题信息服务系统主界面

6.2.1 经济监测预警指标规划及数据整合

经济运行的宏观监测和预警,着眼于生产过程的四个环节,旨在寻找或构造一系列指标,根据历史数据分析总结规律,从多个维度对国民经济运行态势进行测度,对可能的不正常情况进行预判[62]。

杜子芳等人的分析认为,国际上通用的宏观经济监测指标体系将GDP、进出口额、CPI与PPI、失业率、制造业采购经理人指数(PMI)等数据作为宏观经济运行的主要监测指标[62]。国家统计局中国经济景气监测中心每月发行中国经济景气月报,以工业、服务业、消费、投资、CPI与PPI、就业、进出口贸易等指标数据表达经济社会运行情况,并以经济学家信心指数、即期与预期经济景气指数等评价经济形势。胡久凯等选取GDP、工业增加值、发电量、铁路货运量、商品房新开工面积、出口等21个月度序列数据指标用于经济监测分析[63]。

综合世界范围内的宏观监测指标、国家统计局中国经济景气月报以及专家学者的宏观经济监测分析指标,经济监测预警专题信息服务系统的数据指标规划为11个一级分类、60个二级分类。经济监测预警信息服务系统数据指标见表6-2。

表6-2 经济监测预警信息服务系统数据指标

一级指标	二级指标
经济增长	GDP长期走势
	对GDP贡献率与拉动率
	产业结构
	需求结构
工业生产	工业运行速度
	PMI
	产销率
	工业长期走势
	主要行业工业增加值增速
	主要工业品产品产量增速
	主要工业产品产销率
	工业经济效益
	主要行业经济效益

续表

一级指标	二级指标
国内贸易	国内贸易状况
	商品零售行业状况
	国内贸易发展驱动因素
国内投资	固定资产投资状况
	固定资产投资资金来源
	中央和地方城镇固定资产投资
	产业固定资产投资
	房地产开发投资
	房地产供应先行指标
	商品房销售情况
对外贸易	外贸对国民经济增长的贡献率
	进出口长期趋势
	进出口进度跟踪
	不同贸易方式进出口情况
	与主要贸易伙伴贸易往来情况
	与主要贸易伙伴贸易往来情况进度跟踪
	出口影响因素分析
	进口影响因素分析
人口与就业	人口增长
	人口结构
	就业水平
	就业结构
居民收入及消费	居民收支
	居民收入结构
	消费支出结构
	收入分配
	消费支出与价格
价格走势	价格水平
	居民消费价格水平结构
	居民消费价格水平变动原因
	工业生产者出厂价格水平结构
	工业生产者出厂价格水平变动原因
	CPI 与货币政策

续 表

一级指标	二级指标
国际收支平衡	国际收支平衡
财政收支	财政收支长期走势
	财政收支进度跟踪
	财政和事权
	财政收入结构
	财政支出结构
	财政债务风险
	财政与经济总量
金融市场	货币供应量
	社会融资规模
	金融机构信贷收支
	利率市场
	证券市场
	外汇市场

基于规划的系统数据服务指标，利用数据资源整合工具，汇集整合多源的宏观经济运行监测数据资源，通过相关数据的自动提取、分类整合、关联处理，为专题系统构建和应用功能实现提供支撑。

主要整合工作如下。

信息资源提取：利用 ETL 工具抽取、清洗主题相关的数据资源，按照信息服务主题模块，构建信息资源目录。

数据资源分类整合：根据数据类型，将指标数据按照统计数据、文本数据、多媒体数据、专题空间数据等进行数据整合处理，并实现数据资源与管理目录的关联挂接。

信息关联处理：实现系统数据间关联关系的标引功能，将不同数据指标建立关联关系，为系统的相关指标统计分析提供支撑。

6.2.2 系统结构及构建流程

1) 系统结构

经济监测预警专题信息服务系统采用 B/S 的多层软件架构,主要分为网络层、数据服务层、服务组件层和应用服务层。经济监测预警专题信息服务系统结构如图 6-12 所示。

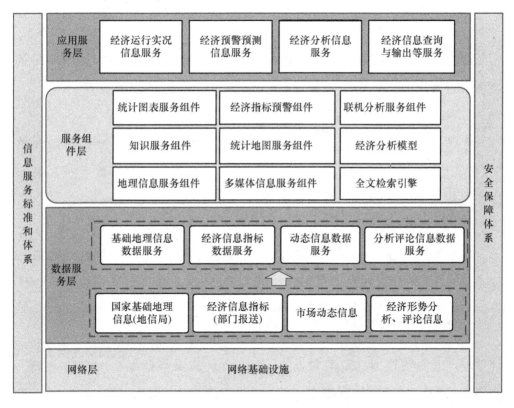

图 6-12 经济监测预警专题信息服务系统结构图

(1) 网络层

网络层作为基础,数据报送环节由因特网、政务专网、虚拟专用网等组成,最后某政府机关办公内网作为系统运行服务的支撑环境。

(2) 数据服务层

数据服务层是经济监测预警专题信息服务系统的基础。由各部门报送的重要经济指标、专业市场报送的市场动态信息、各类分析评论信息等整合而成，为系统功能实现提供数据支撑。

(3) 服务组件层

经济预警预测、经济分析等服务组件主要包括统计图表服务组件、知识服务组件、地理信息服务组件、经济指标预警组件、统计地图服务组件、多媒体信息服务组件、联机分析服务组件、经济分析模型、全文搜索引擎等。

(4) 应用服务层

利用业务支持层提供的服务组件，通过系统功能定制开发，为用户提供经济运行实况、态势、预警预测、经济分析、信息下载与输出等服务。

2) 构建流程

专题系统构建流程主要包括数据整合、数据清洗、信息关联与知识挖掘、功能定制、信息服务、经济监测预警分析、信息输出等过程。经济监测预警专题信息服务系统构建流程如图6-13所示。

(1) 数据整合

利用数据整合工具，将部门报送的重要经济指标、专业市场报送的市场动态信息、经济分析评论信息、某政府机关办公内网相关信息资源等进行整合，建立经济监测预警信息资源数据库。

(2) 数据清洗、信息关联与知识挖掘、功能定制

经济监测预警信息资源数据库，利用信息资源整合平台的联机分析工具、指标运行实况图、知识服务工具，参考方法库、知识库，建立经济分析模型，完成信息关联、系统功能定制，为面向用户的信息服务、经济监测预警和分析提供支撑。

(3) 信息服务

面向用户提供图形化的经济重要指标、市场动态信息、专家对经济形势分析评论信息等基本的信息浏览、知识化关联查询、信息推荐等信息服务功能。

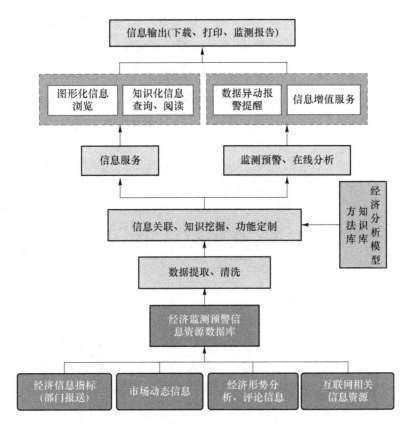

图 6-13 经济监测预警专题信息服务系统构建流程

(4) 经济监测预警分析

为用户提供数据异动报警提醒、在线信息挖掘、基于经济分析模型的经济分析预警等功能。

(5) 信息输出

面向用户的业务工作需要,提供数据下载、图形打印、信息组合提取制作经济监测预警报告等功能。

6.2.3 专题系统功能实现

(1) 重要经济指标可视化服务

重要经济指标可视化服务是指利用专题服务构建工具,通过应用开发进行功能封装与参数定制,实现重要经济指标的图表化表达,表达方式包括统计图表、统计地图等,反映重要经济指标持续运行情况。

统计图表反映重要经济指标的运行情况,具体呈现指标数值、时间变化以及区域对比情况等。统计图表主要包括折线图、柱状图、饼图等功能。重要经济指标统计图表可视化如图6-14所示。

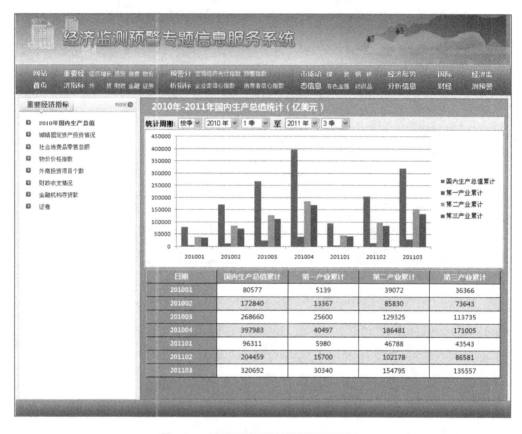

图6-14 重要经济指标统计图表可视化

统计地图反映重要经济指标的空间分布、地区差异等情况,实现各类指标信息的统计分析和时空对比展示。统计地图的主要功能包括分区统计图、分级统计图。

(2)市场动态信息可视化服务

市场动态信息可视化服务是指利用可视化工具,实现煤炭、钢铁、有色金属、纺织品、电子产品、农产品、小商品的价格、销售量等市场动态信息的可视化表达,表达方式包括指标运行图、统计地图等,可直观展示工农业产品的市场动态、运行趋势。市场动态信息可视化表达如图6-15所示。

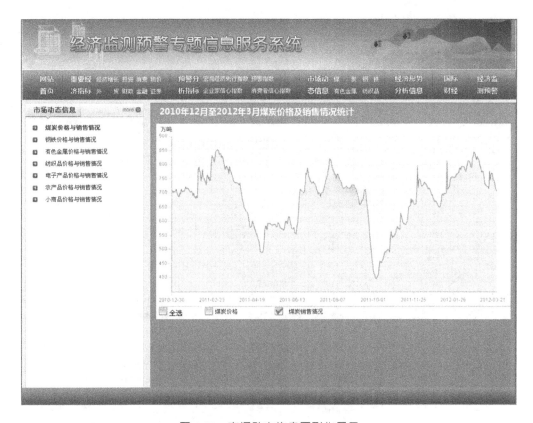

图6-15 市场动态信息图形化显示

(3) 经济形势分析信息服务

经济形势分析信息服务是指定义经济形势分析信息服务界面,利用目录服务和多媒体展示工具,实现对经济形势分析信息的整合服务,主要功能包括信息目录服务、主题关联阅读等。经济形势分析信息服务主题界面如图6-16所示。

(4) 经济运行情况信息服务

经济运行情况信息服务是指定义经济运行重要情况信息服务界面,利用目录服务和多媒体展示工具,实现对经济运行中的重要情况、苗头性或倾向性问题以及专家的预测分析等信息的整合服务,主要功能包括信息目录服务、主题关联阅读等。经济运行重要情况信息服务主题界面如图6-17所示。

图6-16 经济形势分析信息服务主题界面

(5)国际财经信息服务

国际财经信息服务是指利用信息资源整合平台的应用支撑工具,通过定制开发,实现对国际财经信息的目录服务、重要指标的统计图表可视化表达、多媒体信息的可视化展示、主题关联阅读等功能。国际财经信息服务界面如图6-18、图6-19、图6-20所示。

政务信息资源主题化应用服务专题构建案例 第6章

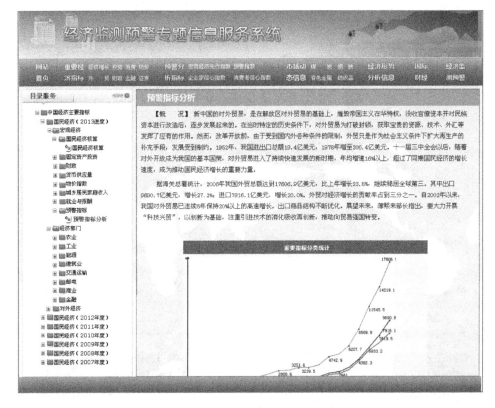

图 6-17 经济运行重要情况信息服务主题界面

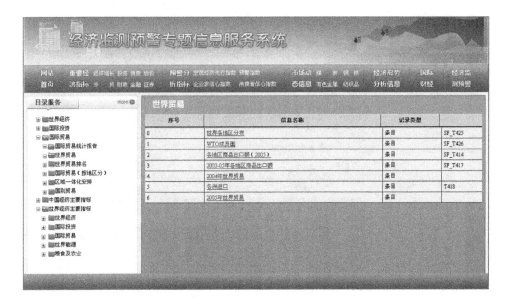

图 6-18 国际财经信息目录服务

政务信息资源主题化应用服务技术与实践

图 6-19　统计图表可视化展示

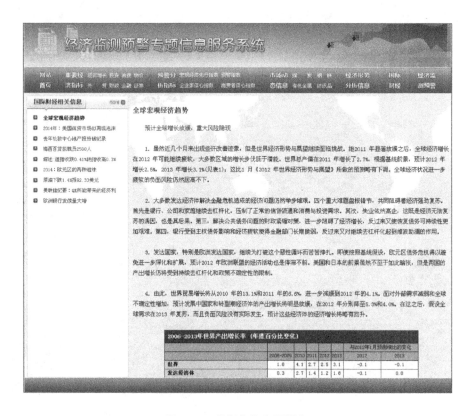

图 6-20　多媒体信息可视化

(6) 经济监测预警

经济监测预警是指通过设置经济指标的临界阈值,实现在接收、展示超过阈值的重要经济数据指标时自动报警,使用户能及时发现经济运行中出现的数据异动。预警值可根据需要,设置为增幅的变化、与历史数据趋势或关联数据的偏离程度等。

临界阈值根据专家经验进行设置,可以是增幅的变化、与历史数据趋势或关联数据的偏离程度等。具体方法:对某指标不少于20组的历史数据进行排序并划分区间,从小到大分别获取5%,15%,60%,15%,5%的数据分布区间。将该数值定为区间临界值,区间对应为"过冷""趋冷""正常""趋热""过热"。当指标值位于"过冷"或"过热"区间时,系统自动报警。

监测预警可视化,是在常规统计图表、数据报表显示的基础上,对超过阈值、位于"过冷"或"过热"区间的数据指标,采用变异符号进行可视化显示。经济监测预警可视化表达如图6-21所示。

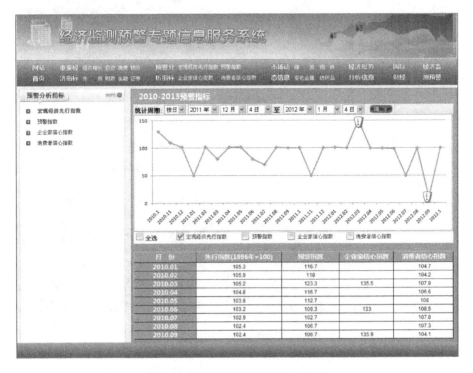

图 6-21　经济监测预警可视化表达

(7) 经济信息在线分析

经济信息在线分析是指利用联机分析工具,基于经济预警信息指标数据集,通过在线分析功能定制,对经济预警指标进行深度挖掘和多维分析,提取增值信息,并实现增值信息的可视化展示。

在线分析功能定制,在用户界面定义最优/最差分析、例外分析、排名分析、比较分析、汇总分析等分析功能菜单,实现对联机分析工具相应功能的调用,并建立与数据源的连接,按照逻辑分析模型,选择需要使用的数据集的事实表和维表,建立面向最终用户的分析模型。在线分析功能主要实现分类、聚类、回归、相关、预测等分析。经济信息在线分析功能界面如图 6-22 所示。

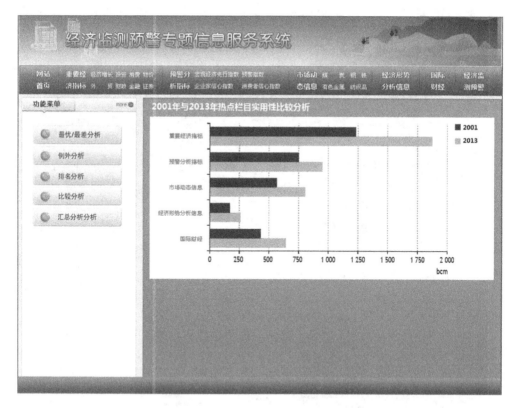

图 6-22　经济信息在线分析功能界面

(8) 经济监测预警报告生成

经济监测预警报告生成是指基于系统各类信息的表格、图表、文档等可视化显示结果,通过模板定制、基于模板的信息关联发布、内容交互编辑等功能,实现经济监测预警报告的自动、半自动生成。经济监测预警分析报告生成功能界面如图 6-23 所示。

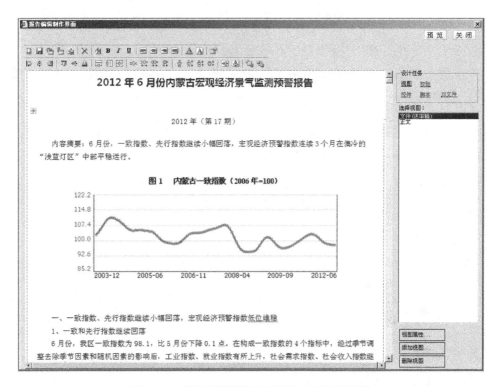

图 6-23　经济监测预警分析报告生成功能界面

经济监测预警报告制作模块主要功能包括模板管理、信息关联提取、基于模板的信息发布、报告导出等。

模板管理:根据业务需要用户可以定制模板、存储和管理模板,模板内容包括文本显示区、图表显示区、图片显示区等。

信息关联/发布系统的重要经济指标、市场动态信息、经济分析信息、国际财经信息、基于分析功能挖掘的增值信息等图形化、知识化的信息服务内容均可作为报告的信息来源,通过定义与报告模板关联参数,提供报告制作数据基础。在信息关联的基础上,可自动或手动完成基于报告模板的信息发布,生成经济监测预警报告。

报告存储/导出:制作完成的报告可在系统内存储,或导出为 Word、PDF 等外部格式。

经济监测预警报告主要生成经济指标快报、重点市场监测报告、国际经济金融动态报告、分析预警报告等。

(9) 经济决策分析模型

经济决策分析模型是指采用目前较为成熟而且有较好适应性的经济模型和各种数学工具或方法建立经济决策分析模型库,并提供基于重要经济指标数据和煤炭、钢铁等的市场动态信息数据,结合境内外媒体信息、社会机构信息对各类模型的试算、模型调整功能。

管理整合如仿真模型、回归模型、线性优化、非线性优化、离散优化等经济决策分析模型,建立经济决策分析模型库,并实现经济决策分析模型的有效管理和快捷调用。

经济决策分析模型试算、修正采用重要经济指标数据以及煤炭、钢铁等的市场动态信息数据、国际财经数据,实现对各类经济决策分析模型的试算,以及与社会机构、专家、境内外媒体评论等分析信息比对的功能,可根据试算结果调整参数,进行模型修正。

(10) 经济监测预警信息资源评价

经济监测预警信息资源评价是指通过系统访问日志管理与分析,为用户提供经济监测预警信息资源评价分析服务。

访问日志管理通过系统定制,实现系统访问日志的自动生成、管理等功能。

访问量统计实现系统总访问量统计、栏目访问量统计、栏目访问量统计排序、质量评价(好、一般、差)统计等功能。

信息资源访问量分析、评价为用户提供经济监测预警信息评价界面,可分为好、一般、差等级别。

6.3 民生保障专题信息服务系统构建

民生保障专题信息服务系统利用信息资源专题构建工具,汇集各政府部门、互联网以及社会团体等民生保障相关的数据资源,通过信息资源整合、专题构建、服务及可视化功能定制,实现民生保障相关信息的集成分析服务,为政府决策提供支撑。

6.3.1 民生保障指标规划及数据整合

依据黄博函等研究的我国民生保障评价指标体系[64]、毛传新等研究的江苏省民生保障指标体系[65],以及对民政部、教育部、人力资源和社会保障部、国家卫生健康委员会等部门发布的相关数据的研究分析,民生保障专题信息服务系统的指标可规划为社会保险、社会福利、劳动就业扶持、普惠型保障等4个一级指标、15个二级指标、32个三级指标。民生保障专题信息服务系统数据指标见表6-3。

表6-3 民生保障专题信息服务系统数据指标

序号	一级指标	二级指标	三级指标
1			养老保险人数
2		养老保险	城乡基本养老保险覆盖率
3			每千名老人拥有养老床位数
4			医疗保险人数
5	社会保险	医疗保险	城乡基本医疗保险覆盖率
6			每千人拥有医生数
7		失业保险	失业保险人数
8			失业保险覆盖率
9		工伤保险	工伤保险人数
10		生育保险	生育保险人数

续表

序号	一级指标	二级指标	三级指标
11	社会福利	社会服务支出	社会福利支出
12			社会救助支出
13		社会救助服务	城市低保人数
14			农村低保人数
15			特困供养人员
16			医疗救助人数
17			当年保障性住房享受人数
18			孤儿救助人数
19			自然灾害救助人数
20			临时救助人数
21		社会福利服务	社会福利机构及床位数
22			残疾人服务人数
23			特殊教育服务人数
24			儿童教育补助
25	劳动就业扶持	技能提升和培训	项目数
26		学历教育补贴	
27		公共就业服务支出	
28		其他劳动市场服务支出	
29	普惠型保障	国家教育经费支出	教育支出总额
30			教育支出占财政支出比重
31		财政性医疗卫生支出	医疗卫生支出总额
32			医疗卫生支出占财政支出比重
33		城乡社区治理项目支出	社区治理项目支出总额
34			城乡社区服务支出占财政支出比重
35			城镇化率

基于规划的系统数据服务指标,利用数据资源整合工具,汇集整合多源多部门的民生保障数据资源,通过相关数据的自动提取、分类整合、关联处理,为专题系统构建和应用功能实现提供支撑。

主要整合工作如下。

信息资源提取:利用ETL工具抽取、清洗主题相关的数据资源,按照信息服务主题模块,构建信息资源目录。

数据资源分类整合:根据数据类型,将指标数据按照统计数据、文本数据、多媒体数据、专题空间数据等进行数据整合处理,并实现数据资源与管理目录的关联挂接。

信息关联处理:实现系统数据间关联关系的标引功能,将不同数据指标建立关联关系,为系统的相关指标统计分析提供支撑。

6.3.2 系统结构和构建流程

1)系统结构

民生保障专题信息服务系统采用 B/S 的多层软件架构,主要分为网络层、数据服务层、服务组件层和应用服务层。民生保障专题信息服务系统结构如图 6-24 所示。

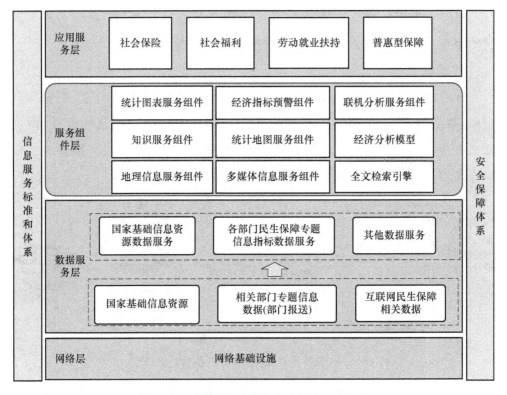

图 6-24 民生保障专题信息服务系统结构图

(1) 网络层

网络层作为基础,数据报送环节由因特网、政务专网、虚拟专用网等组成,最后某政府机关办公内网作为系统运行服务的支撑环境。

(2) 数据服务层

数据服务层是系统的基础,由各部门报送的民政专题数据和互联网获取的社会保障数据整合而成,为系统的功能实现提供数据支撑。

(3) 服务组件层

利用专题服务功能构建工具的部分服务功能组件,扩展开发经济预警预测、经济分析等服务组件,整合形成本系统的服务组件层。服务组件层主要包括统计图表服务组件、知识服务组件、地理信息服务组件、经济指标预警组件、统计地图服务组件、多媒体信息服务组件、联机分析服务组件、经济分析模型、全文搜索引擎等。

(4) 应用服务层

利用专题信息服务功能构建工具实现服务功能定制,在业务支持层提供的服务组件的支撑下,为用户提供民生保障信息服务。

2) 构建流程

从用户访问到程序做出响应,系统数据流包括信息查询检索、数据访问服务、数据请求、信息展示服务等。系统构建流程包括数据集成整合、数据动态更新、数据资源库构建、系统功能定制、应用专题组织、信息服务等。民生保障专题信息服务系统构建流程如图 6-25 所示。

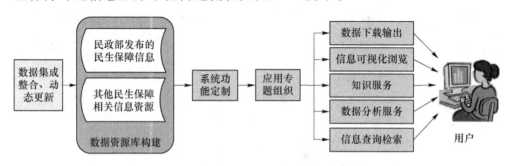

图 6-25 民生保障专题信息服务系统构建流程

① 数据集成整合、动态更新:包括数据获取、指标分类提取、信息关联

等,同时,通过管理端支撑数据动态集成更新。

② 数据资源库构建:基于信息整合结果实现民生保障相关数据的分类入库管理。

③ 系统功能定制:基于数据资源库,利用专题构建工具进行系统功能定制,实现信息可视化、信息分析、信息输出等功能封装。

④ 应用专题组织:根据用户业务需求,按照主题模块进行专题信息服务功能发布、专题栏目组织。

⑤ 信息服务:面向用户提供数据下载输出、信息可视化浏览、知识服务、数据分析服务、信息查询检索等信息服务。

6.3.3 专题系统功能实现

民生保障专题信息服务系统汇集民生保障相关信息数据,通过专题信息组织构建,形成社会保险、社会福利、劳动就业扶持、普惠型保障等4个模块,实现主题信息的图表可视化展示、统计地图可视化展示、各项指标动态分析、数据表格下载等服务功能。民生保障专题信息服务系统功能模块如图6-26所示。

(1) 社会保险

社会保险功能模块以图表、地图等可视化形式反映养老保险、医疗保险、失业保险、工伤保险、生育保险等全国社会保险的总体情况及各地区的情况。社会保险功能模块界面如图6-27所示。

(2) 社会福利

社会福利功能模块以图表、地图等可视化形式反映社会服务支出、社会救助服务、社会福利服务等情况,包括社会服务经费总支出、社会福利支出、社会救助支出等社会服务支出情况,城市低保、农村低保、孤独保障等各类保障对象的保障标准及其增长情况,城市低保、农村低保、生活无着、孤儿、儿童救助等各类保障对象的人数、家庭数等信息,以及社会服务机构情况等。社会福利功能模块界面如图6-28所示。

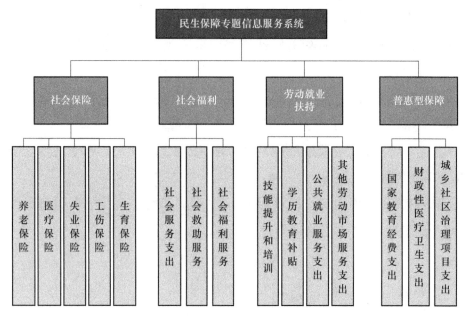

图 6-26　民生保障专题信息服务系统功能模块

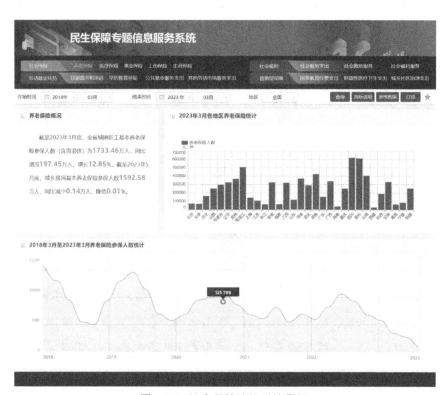

图 6-27　社会保险功能模块界面

图 6-28 社会福利功能模块界面

（3）劳动就业扶持

劳动就业扶持功能模块以图表、地图等可视化形式反映技能提升和培训、学历教育补贴、公共就业服务支出以及其他劳动市场服务支出等国家对劳动就业扶持情况。劳动就业扶持功能模块界面如图 6-29 所示。

（4）普惠型保障

普惠型保障功能模块以图表、地图等可视化形式反映国家教育经费支出、财政性医疗卫生支出、城乡社区治理项目支出等普惠性保障情况。普惠型保障功能模块界面如图 6-30 所示。

政务信息资源主题化应用服务技术与实践

图 6-29　劳动就业扶持功能模块界面

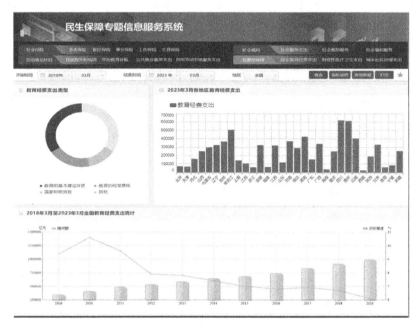

图 6-30　普惠型保障功能模块界面

6.4 河北省领导决策数据支持系统构建

河北省领导决策数据支持系统基于信息资源共享交换、数据汇聚整合治理、专题构建、分析挖掘等关键技术,利用信息资源主题化应用服务实现相关工具,汇集整合河北省政府领导决策相关的省级各部门政务数据资源、国家部委相关的数据资源以及社会机构、互联网等外部数据资源,围绕领导决策需求,构建主题化、专题化的政务决策数据支持系统,通过数据资源深度挖掘、综合分析、可视化展示等功能的实现,为领导决策提供知识化的信息支持。

6.4.1 领导决策指标规划与数据整合

(1)指标规划

根据河北省政府领导决策业务,系统数据指标规划为综合省情、宏观经济、农林牧渔、产业、生态环保、对外开放、商贸旅游、人力资源、社会保障、教科文卫10大类,包含35个二级指标、143个三级指标。河北省领导决策数据支持系统数据指标见表6-4。

表6-4 河北省领导决策数据支持系统数据指标

序号	一级指标	二级指标	三级指标
1	综合省情	政区导航	
2		产业分布与统计	
3		人口数据	
4		全面小康指数	
5		通信发展	
6		交通运输	
7		对外交往和地名查询	

续表

序号	一级指标	二级指标	三级指标
8	宏观经济	全省指标	经济增长
9			投资
10			金融
11			物价水平
12			消费
13			财政
14			对外经济
15		各省对比	经济增长
16			投资
17			物价水平
18			消费
19		地市指标	经济增长
20			投资
21			居民收入
22			农业生产
23			消费
24			城镇工资
25			对外贸易
26			财政
27			单位能耗
28		全国指标	经济增长
29			投资
30			物价水平
31			消费
32	农林牧渔	农业	农产品总产量
33			农产品亩产量
34			农产品播种面积
35			蔬菜生产总值
36			蔬菜生产面积
37			粮棉药产量
38		林业	林业果品
39			食用坚果

续表

序号	一级指标	二级指标	三级指标
40	农林牧渔	林业	园林水果
41		畜牧业	肉类产量
42			禽蛋产量
43			牛奶产量
44		渔业	渔业产值
45			产值增幅
46			全国位次
47	产业	全省指标	工业增加值
48			产量指标
49			先行指标
50			高新技术产业增加值
51			能耗,能源消费基本情况
52			民营经济主要指标
53			化解过剩产能
54			工业产品质量监督
55			全省重点行业事故
56		地市指标	主要经济指标
57			生产总值构成
58			规模以上工业企业基本情况
59			能源消耗情况
60	生态环保	空气质量	全省月度空气质量情况
61			各市当月空气质量达标率
62			各市当月空气质量重污染天数
63			各市空气质量全国重点城市排名
64		水资源	饮用水源地达标率
65			河流断面
66			省界断面
67			重点湖库淀
68		城市绿地	全省绿地指标
69			城市建成区绿地率
70			建成区人均公园绿地面积
71			新增绿地面积
72			新增公园绿地面积

续 表

序号	一级指标	二级指标	三级指标
73	对外开放、商贸旅游	对外经济	利用外资
74			对外贸易
75			对内对外经济技术合作
76			境外上市
77		各类园区	国家级开发区
78			省级开发区
79			出口食品农产品安全示范区
80			国家级质量安全示范区
81			外资企业信用等级评定情况
82			指定口岸情况
83			检验检疫分支机构分布
84			国家重点实验室
85			出入境货物检验检疫
86			签发各类原产地证书
87			不合格货物检出率、结果
88			各类外来有害生物情况
89		市场消费	重点监测商品及生产资料价格走势
90			批发和零售业法人单位
91			住宿和餐饮业法人单位
92			物流业发展情况
93			占各项比重
94			电子商务交易额
95			园区分布
96		旅游	全省旅游业收入及接待情况
97			入境/国内旅游接待及创收情况
98			海外旅游者
99			管理机构
100			各类景区
101			精品景区
102			旅游线路
103		对外交往	友好城市情况介绍
104			中东欧国家情况介绍

续表

序号	一级指标	二级指标	三级指标
105	对外开放、商贸旅游	对外交往	重点侨县情况介绍
106			侨资企业分市情况介绍
107			历年出展情况介绍
108			全省历年知名展会
109		一带一路	国民经济总量
110			价格指数
111			经济景气指标
112			汇率波动
113			劳动力调查
114			对外贸易
115	人力资源、社会保障	社会保障	河北省全省及各地市社保及参保率
116			五保低保
117			养老机构
118			保障性安居工程
119		人口与城镇化	人口与城镇化
120			国土情况
121		人才与就业	河北省人才信息
122			河北省就业指标
123		扶贫情况	扶贫对象情况
124			全省贫困人口
125			各地区贫困人口数
126			各地区扶贫对象数量
127			各地区扶贫对象占比情况
128	教科文卫	教育	教育投入
129			教育机会
130			教育程度
131			教育质量
132			教育布局
133			工作情况
134		科技	科技投入
135			科技产出
136			科技载体
137			科技综合
138			工作情况

续 表

序号	一级指标	二级指标	三级指标
139	教科文卫	文化	博物馆纪念馆基本情况
140			新闻出版事业发展情况
141			河北新闻事业收入情况
142			文化事业发展情况
143			公共图书馆基本情况
144			公共图书馆基本情况(设施)
145			公共图书馆基本情况(社会活动)
146		卫生体育	全省指标
147			地市指标
148			工作情况
149		民族宗教	全省指标
150			地市指标

(2) 数据整合

基于规划的系统数据服务指标,利用数据资源整合工具,汇集整合36个厅局以及国家统计局、互联网等多源的统计数据、文本数据和地理信息数据,包括教育、科技、文化、卫生、体育、民族、宗教、交通运输、工商、通信、国土、人口、就业、社保、金融等方面,实现相关数据的自动在线提取、分类整合、关联处理,为专题系统构建和应用功能实现提供支撑。

主要整合工作如下。

信息资源提取:利用ETL工具抽取、清洗主题相关的数据资源,按照信息服务主题模块,构建信息资源目录。

数据资源分类整合:根据数据类型,将指标数据按照统计数据、文本数据、多媒体数据、专题空间数据等进行数据整合处理,并实现数据资源与管理目录的关联挂接。

信息关联处理:实现系统数据间关联关系的标引功能,将不同数据指标建立关联关系,为系统的相关指标统计分析提供支撑。

6.4.2 系统结构和构建流程

1）系统结构

河北省领导决策数据支持系统的系统结构如图 6-31 所示。系统部署在河北省政务外网上，采用 B/S 的多层软件架构，主要分为网络层、数据服务层、服务组件层和应用服务层。

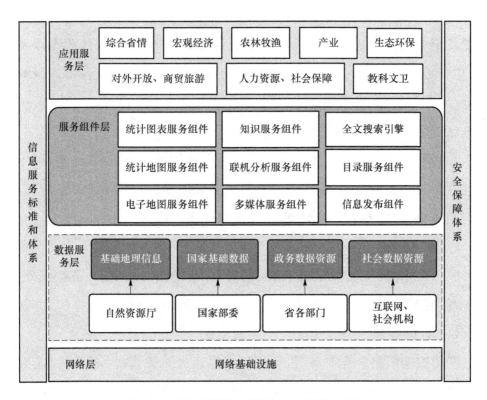

图 6-31 河北省领导决策数据支持系统结构图

（1）网络层

网络层作为基础，数据报送环节主要基于因特网、政务专网、政务外网进行，最后政务外网作为系统运行服务的支撑环境。

(2) 数据服务层

数据服务层是河北省领导决策数据支持系统的基础。基于各部门报送的统计数据、政务文本数据,人口、法人、地理信息等基础数据,以及社会数据资源,进行数据整合,形成领导决策政务信息资源数据库,定制地理信息数据服务、统计信息数据服务、文本信息数据服务、多媒体数据服务,为前端应用提供数据支撑。

(3) 服务组件层

系统采用微服务方式,利用专题服务功能构建工具的功能组件,集成本系统的服务组件层。服务组件层包括统计图表服务组件、统计地图服务组件、电子地图服务组件、知识服务组件、联机分析服务组件、多媒体服务组件、全文搜索引擎、目录服务组件、信息发布组件等服务组件。

(4) 应用服务层

在利用主题化信息服务实现工具进行服务功能定制的基础上,利用服务组件层提供的服务组件,为用户提供宏观经济动态加载与实时可视化、信息浏览查询、信息在线统计分析、信息下载输出等服务。

2) 构建流程

系统构建流程包括数据整合、数据提取与清洗、功能定制、信息服务、监测预警、在线分析、信息输出等。具体流程如图 6-32 所示。

(1) 数据整合

利用数据汇集整合工具,将各厅局报送以及国家部委、社会机构、互联网等多来源的统计数据、文本数据和地理信息数据进行整合,建立政府决策综合信息资源数据库。

(2) 数据提取与清洗

基于政府决策综合信息资源数据库,面向信息服务与分析挖掘,利用数据整合治理工具,提取主题化数据资源,开展数据资源标准化处理、时空一致性治理,实现数据资源的融合表达。

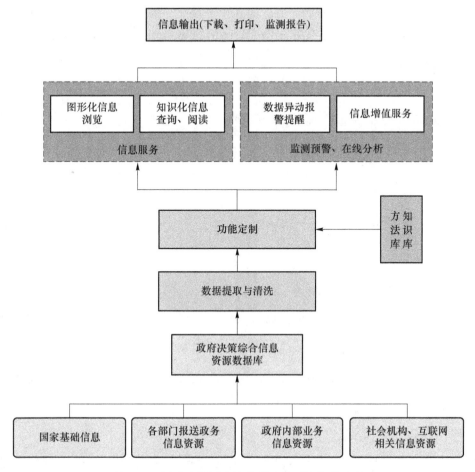

图 6-32　河北省领导决策数据支持系统构建流程

（3）信息关联、知识挖掘、功能定制

政府决策综合信息资源数据，利用信息资源整合平台的联机分析工具、知识管理工具，参考方法库、知识库，进行知识关联与分析挖掘，建立信息分析模型，完成信息服务功能定制，为面向用户的信息服务和分析提供支撑。

（4）信息服务

面向用户提供图形化、主题化的信息浏览，知识化关联查询、信息推荐等信息服务。

(5) 监测预警、在线分析

为用户提供数据异动报警提醒、在线信息挖掘、基于领域分析模型的在线信息分析等功能。

(6) 信息输出

面向用户的业务工作需要,提供数据下载、图形打印、信息组合提取等功能。

6.4.3 专题系统功能实现

河北省领导决策数据支持系统在整合治理政府决策所需相关数据资源的基础上,通过功能定制封装、专题信息组织,形成综合省情、宏观经济运行、农林牧渔、产业、生态环保、对外开放商贸旅游、人力资源和社会保障、教科文卫等8个模块,实现主题信息的查询、图表可视化展示、统计地图可视化展示、各项指标动态分析、数据表格下载等服务功能。河北省领导决策数据支持系统功能模块如图 6-33 所示。

(1) 综合省情信息服务

综合省情信息服务基于地理信息实现全省自然、资源、人口、政区、产业的空间可视化、信息查询、统计等信息服务。综合省情信息服务模块界面如图 6-34 所示。

(2) 宏观经济运行信息服务

宏观经济运行信息服务通过整合全省宏观经济数据对河北省的经济运行情况、各地市宏观经济数据、各省之间的宏观经济运行情况对比数据和全国宏观经济运行情况进行统计和可视化展示,反映河北地区间宏观运行状况差异、河北省与其他地区宏观经济运行的对比和与全国水平的比较。宏观经济运行信息服务模块界面如图 6-35 所示。

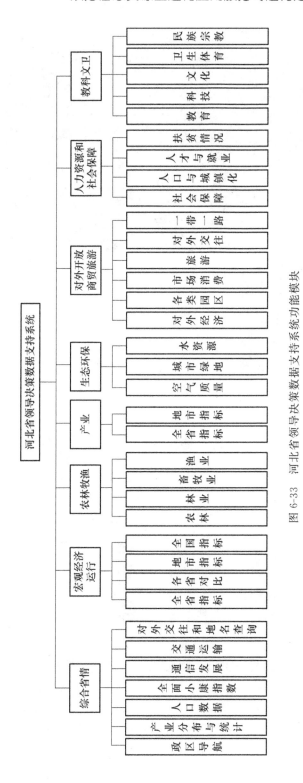

图 6-33 河北省领导决策数据支持系统功能模块

政务信息资源主题化应用服务技术与实践

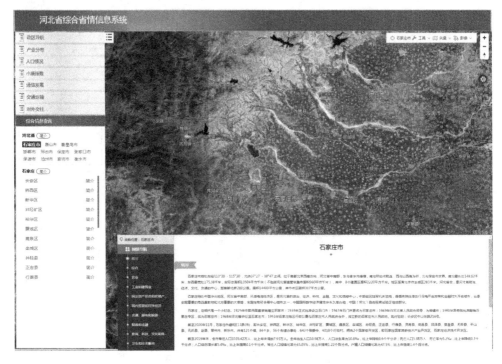

图 6-34　综合省情信息服务模块界面

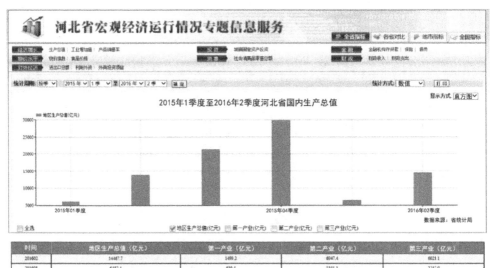

图 6-35　宏观经济运行信息服务模块界面

(3）农林牧渔信息服务

农林牧渔信息服务主要对农业、林业、畜牧业和渔业的产量、产值、面积、增幅及全国位次等指标进行统计和可视化展示。农林牧渔信息服务模块界面如图 6-36 所示。

图 6-36　农林牧渔信息服务模块界面

(4）产业信息服务

产业信息服务主要对各产业产值、增加值、增长率、能耗、产品质量监督、行业事故、化解过剩产能等指标进行统计及可视化处理。产业信息服务模块界面如图 6-37 所示。

(5）生态环保信息服务

生态环保信息服务主要对河北省全省及各地市的空气质量、水资源及城市绿地等进行监测、统计及可视化处理。生态环保信息服务模块界面如图 6-38 所示。

图 6-37　产业信息服务模块界面

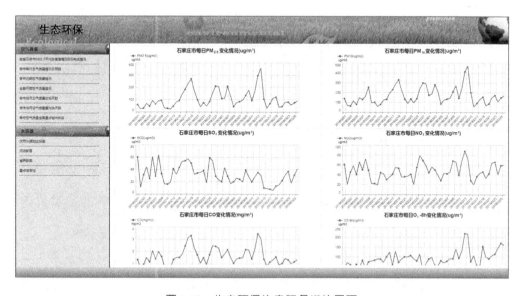

图 6-38　生态环保信息服务模块界面

(6) 对外开放商贸旅游信息服务

对外开放商贸旅游信息服务主要对河北省利用外资、对外贸易、经济技术合作、旅游、侨务、对外交往、出入境检验检疫、开发区建设、海关、现代物流、会展、招商代理机构、市场运行与消费、电子商务、境外上市等相关数据进行指标分类及可视化处理。对外开放商贸旅游信息服务模块界面如图6-39所示。

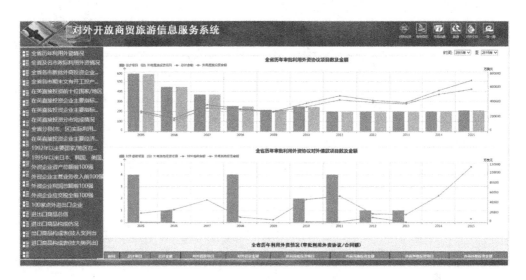

图6-39　对外开放商贸旅游信息服务模块界面

(7) 人力资源和社会保障信息服务

人力资源和社会保障信息服务主要对河北省社会保障、保障性安居工程、人口与城镇化、国土情况、人才与就业情况及扶贫情况进行统计分析及可视化展示。人力资源和社会保障信息服务模块界面如图6-40所示。

(8) 教科文卫信息服务

教科文卫信息服务主要对河北省教育、科技、文化、卫生体育、民族宗教等发展情况进行指标分类及可视化展示。教科文卫信息服务模块界面如图6-41所示。

图 6-40 人力资源和社会保障信息服务模块界面

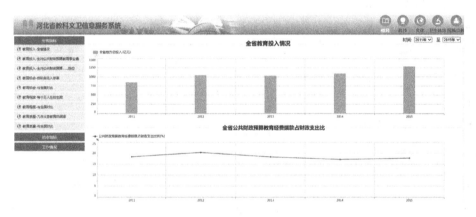

图 6-41 教科文卫信息服务模块界面

6.5 陕西省政府领导决策支持系统构建

陕西省政府领导决策支持系统依托数据共享交换平台、信息资源管理数据库、信息资源整合利用平台等工具，整合陕西省政府办公厅、省级各部门信息资源以及社会舆情、互联网等外部数据资源，构建领导关注的应用服务专题系统，提供知识化管理、综合分析及可视化辅助决策等个性化信息服务，为领导决策提供全面、及时、有效的信息支撑，满足领导日常办公与行政决策的需要。

6.5.1 领导决策指标规划与数据整合

(1) 指标规划

根据陕西省政府领导决策业务,系统数据指标规划为综合省情、宏观经济、省管重点企业、农林牧渔、生态环保、对外开放6大类,包含26个二级指标、102个三级指标。陕西省政府领导决策支持系统数据指标见表6-5。

表 6-5 陕西省政府领导决策支持系统数据指标

序号	一级指标	二级指标	三级指标
1	综合省情	地理信息	行政区划
2			道路
3			河流湖泊
4			地名
5		综合情况信息	全省综合情况
6			各地市情况
7			各县级行政区情况
8		产业数据	工商企业位置信息
9			工商企业注册经营信息
10		人口数据	
11		全面小康指数	
12		通信发展	
13		交通运输	
14		对外交往	
15	宏观经济	全省指标	经济增长
16			投资
17			金融
18			物价水平
19			消费
20			财政
21			对外经济

续 表

序号	一级指标	二级指标	三级指标
22	宏观经济	各省对比指标	经济增长
23			投资
24			物价水平
25			消费
26		地市指标	经济增长
27			投资
28			居民收入
29			农业生产
30			消费
31			财政
32			对外经济
33			城镇工资
34			单位能耗
35		全国指标	经济增长
36			投资
37			物价水平
38			消费
39	省管重点企业	运行月度	营业收入
40			利润总额
41			资产总额
42		财务类年度	净利润
43			所有者权益
44			成本费用总额
45			应收账款
46			存货
47			成本费用利用率
48			净资产收益率
49			国有资本保值增值率
50			资产负债率
51		产权类年度	产权登记总户数
52			国有全资企业户数
53			国有控股企业户数

续表

序号	一级指标	二级指标	三级指标
54	省管重点企业	产权类年度	国有实际控制企业户数
55			国有参股企业户数
56			全民所有制企业户数
57	农林牧渔	农业	农产品产量
58		林业	果品质量
59			丛林生长状况
60		畜牧业	肉制类产量
61		渔业	渔业发展
62			养殖类产量
63	生态环保	空气质量	全省及各市 $PM_{2.5}$ 平均浓度增幅及目标完成情况
64			各市每日空气质量
65			各市近期空气质量
66			全省月度空气质量
67			各市当月空气质量达标天数
68			各市当月空气质量重污染天数
69			各市空气质量全国重点城市排名
70		水资源	饮用水源地达标率
71			河流断面
72			省界断面
73			重点湖库淀
74	对外开放	对外经济	利用外资
75			对外贸易
76			对内对外经济技术合作
77			境外上市
78		各类园区	国家级开发区
79			省级开发区
80			出口食品农产品安全示范区
81			国家级质量安全示范区
82			外资企业信用等级评定情况
83			指定口岸情况
84			检验检疫分支机构分布
85			国家重点实验室

续 表

序号	一级指标	二级指标	三级指标
86	对外开放	各类园区	出入境货物检验检疫
87			签发各类原产地证书
88		市场消费	重点监测商品及生产资料价格走势
89			批发和零售业法人单位
90			住宿和餐饮业法人单位
91			物流业发展情况
92			占各项比重
93			电子商务交易额
94			园区分布
95		旅游	全省旅游业收入及接待情况
96			入境/国内旅游接待及创收情况
97			海外旅游者
98			管理机构
99			各类景区
100			精品景区
101			旅游线路
102		对外交往	友好城市情况介绍
103			中东欧国家情况介绍
104			重点侨县情况介绍
105			侨资企业分市情况介绍
106			历年出展情况介绍
107			全省历年知名展会

（2）数据整合

基于规划的系统数据服务指标，利用数据资源整合工具，汇集整合省办公厅内部信息资源、新引入信息资源及外部信息资源三部分，包括省政府内部办公积累的公文、报告信息，外购信息资源系统，省政府自建的信息资源系统，各厅局政务服务数据，政府网站信息，互联网电商、企业数据等，进行统一分层分类和聚类处理，形成逻辑上一体化、便于统一管理和检索的分布式政务信息资源综合数据库，实现相关数据的自动在线提取、分类整合、关联处理,为专题系统构建和应用功能实现提供支撑。

主要整合工作如下。

信息资源提取:利用 ETL 工具抽取、清洗主题相关的数据资源,按照信息服务主题模块,构建信息资源目录。

数据资源分类整合:根据数据类型,将指标数据按照统计数据、文本数据、多媒体数据、专题空间数据等进行数据整合处理,并实现数据资源与管理目录的关联挂接。

信息关联处理:实现系统数据间关联关系的标引功能,将不同数据指标建立关联关系,为系统的相关指标统计分析提供支撑。

6.5.2 系统结构和构建流程

1) 系统结构

陕西省政府领导决策支持系统的系统结构如图 6-42 所示,主要由应用层、应用支撑层、数据管理与维护层、综合信息资源层、数据整合层、基础信息资源层等组成。

(1) 应用层

应用层由直接向最终用户提供服务的应用系统组成,为用户提供信息资源统一智能检索、个性化专题化信息服务、信息直观展示等功能。

(2) 应用支撑层

利用知识管理、信息发布、网络信息抓取、可视化展示等应用及支撑组件,实现信息的知识化管理、信息的全面直观可视化等功能,为上层的应用系统提供开放技术支撑。

(3) 数据管理与维护层

数据管理与维护层主要包括综合信息管理、空间数据管理、主题描述、目录服务、跨库全文检索、联机分析等，提供综合信息的一体化管理、存取、维护更新、信息资源主题化描述与关联、信息资源服务等功能，为应用支撑层提供应用所需要的数据。

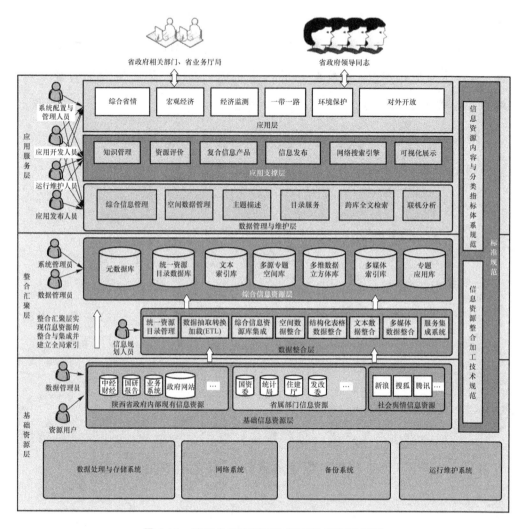

图 6-42 陕西省政府领导决策支持系统结构图

（4）综合信息资源层

综合信息资源层主要由元数据库、统一资源目录数据库、全局索引库、专题应用库组成。其中全局索引库包括文本索引库、多源专题空间库、多维数据立方体库、多媒体索引库等,服务于信息智能检索;专题应用库服务于应用专题建设。

(5) 数据整合层

数据整合层主要由数据整合系统及服务集成系统组成,数据整合系统对办公厅信息资源类系统、相关部门提供的实时、准实时信息资源,进行统一分层分类和聚类处理,形成逻辑上一体化、便于统一管理和检索的信息资源库系统。

(6) 基础信息资源层

基础信息资源层主要由陕西省政府已有信息资源、厅局信息资源、外部信息资源等组成。

2) 构建流程

陕西省政府领导决策支持系统的功能流程主要包括数据整合治理、信息资源深度开发、功能定制、应用专题组织、信息服务等过程,系统构建流程如图 6-43 所示。

(1) 数据整合治理

利用数据整合系统对办公厅信息资源类系统以及相关部门提供的信息资源进行统一分层分类和聚类处理,建立全局索引,形成信息资源库系统,实现信息资源知识化管理。

(2) 信息资源深度开发

利用数据挖掘、语义化处理等技术,构建知识库,提供知识化服务,实现信息资源一体化在线检索、信息资源综合分析。

(3) 功能定制

基于分布式政务信息资源库,利用知识管理、信息发布、网络信息抓取、可视化展示等应用及支撑组件,实现信息的知识化管理、可视化、信息统计分析、打印输出等功能封装。

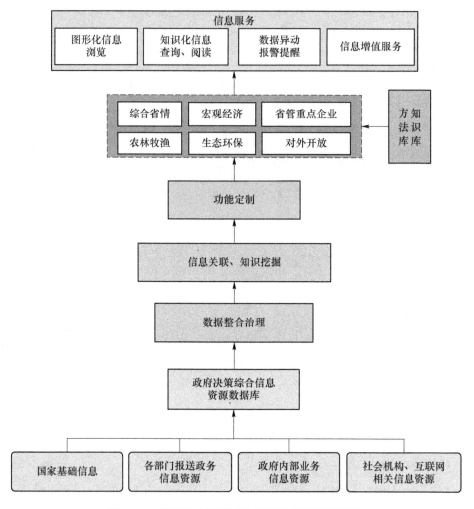

图 6-43 陕西省政府领导决策支持系统构建流程

（4）应用专题组织

根据用户的业务需求，按经济社会领域分主题构建应用专题，实现快速汇聚、加工省政府领导急需的数据和热点信息。

（5）信息服务

根据领导的分工与侧重，个性化定制信息、智能推荐信息，并可视化信息资源展示。

6.5.3 专题系统功能实现

陕西省政府领导决策支持系统整合利用政府决策所需的相关数据资源,通过功能定制封装、专题信息组织,形成综合省情、宏观经济、省管重点企业、农林牧渔、生态环保、对外开放等6个模块,实现主题信息的查询、图表可视化展示、统计地图可视化展示、各项指标动态分析、数据表格下载等服务功能。陕西省政府领导决策支持系统功能模块如图6-44所示。

(1) 综合省情信息服务

综合省情信息服务基于地理信息实现全省行政区划、人口、产业、环境状况、旅游资源、教育科技、资源的空间可视化、信息查询、统计等信息服务。综合省情信息服务模块界面如图6-45所示。

(2) 宏观经济信息服务

宏观经济信息服务整合陕西省发展和改革委员会、商务厅、统计局等部门的陕西宏观经济数据运行数据,通过应用功能定制开发,实现宏观经济运行数据的可视化、查询检索等服务功能,为省领导和相关业务部门提供宏观经济运行实况信息服务。宏观经济信息服务模块界面如图6-46所示。

(3) 省管重点企业信息服务

系统基于整合完毕的数据以及指标分类,进行可视化处理,以统计图、数据表的形式进行数据可视化的展示,并基于数据关联关系,建立联动数据图,实现数据指标从宏观到微观的展示,直观地为领导决策提供数据支持。省管重点企业信息服务模块界面如图6-47所示。

(4) 农林牧渔信息服务

农林牧渔信息服务主要对农业、林业、畜牧业和渔业的产量、产值、面积、增幅及全国位次等指标进行统计和可视化展示。农林牧渔信息服务模块界面如图6-48所示。

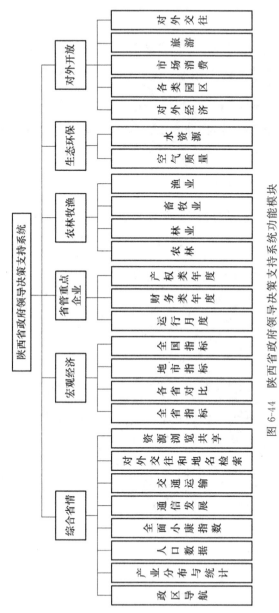

图 6-44 陕西省政府领导决策支持系统功能模块

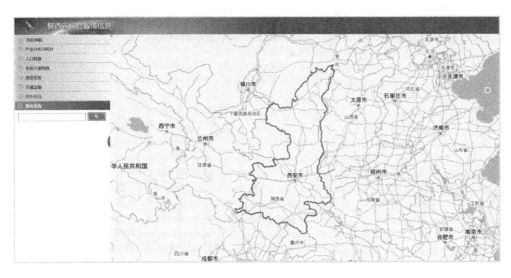

图 6-45　综合省情信息服务模块界面

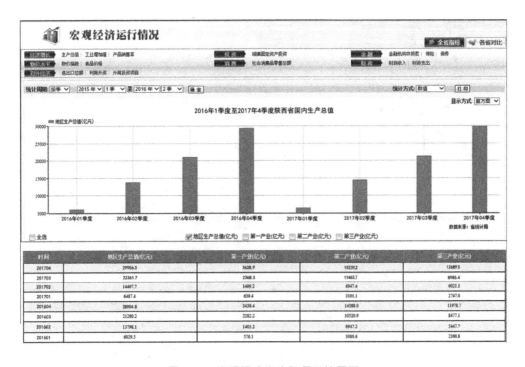

图 6-46　宏观经济信息服务模块界面

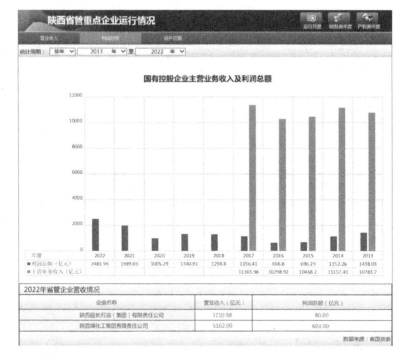

图 6-47　省管重点企业信息服务模块界面

图 6-48　农林牧渔信息服务模块界面

(7) 生态环保信息服务

生态环保信息服务主要对陕西省全省及各地市的空气质量、水资源及城市绿地等进行监测、统计及可视化处理。整合省环保厅的权威数据,对生态环境保护情况进行专题展示,以统计图表、统计地图、专题地图、多媒体等形式实现生态环境保护相关信息的浏览、查询、分析等功能。生态环保信息服务模块界面如图 6-49 所示。

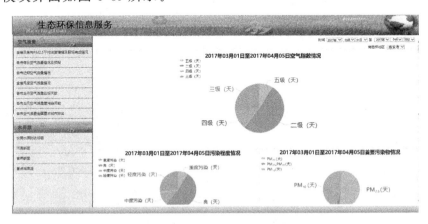

图 6-49　生态环保信息服务模块界面

(8) 对外开放信息服务

对外开放信息服务主要对陕西省对外经济、各类园区、市场消费、旅游、对外交往等相关数据进行指标分类及可视化处理。对外开放信息服务模块界面如图 6-50 所示。

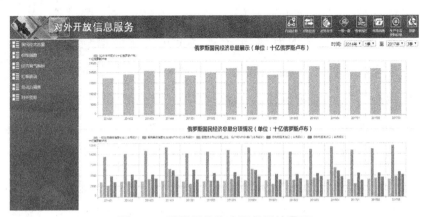

图 6-50　对外开放信息服务模块界面

第 7 章　展　　望

在当前数字化时代的大潮下,政务信息资源主题化应用服务在推动政府数字化、提高政府履职能力和服务水平方面已经成为近年来研究的热点。2022 年《国务院关于加强数字政府建设的指导意见》明确提出了构建协同高效的政府数字化履职能力体系,要求全面推进政府履职和政务运行数字化转型,统筹推进各行业各领域政务应用系统集约建设、互联互通、协同联动,创新行政管理和服务方式,全面提升政府履职效能。政务信息资源是国家核心信息资产,对其实现高效利用,对于推动经济发展、提高社会治理能力、提升政府服务水平、提升公众幸福指数、促进社会监管都具有重要作用。政务信息资源主题化应用服务已经成为我国政府治理体系和治理能力创新的重要组成部分。随着政务信息资源共享应用机制体制的健全,人工智能、大数据、云计算等新技术的发展,原有的辅助决策领域信息开发利用的一些技术和管理问题已经不再成为障碍,面向政府决策高效构建政务信息资源主题化应用服务已经成为推进国家治理体系和治理能力的迫切需要。

本书在系统总结和分析国内外政务信息资源主题化应用服务发展现状的基础上,对政务信息资源主题化应用服务的理论和关键技术进行了全面的介绍,提出了政务信息资源主题化应用服务构建的思路和业务流程,对政务信息资源主题化应用服务中用到的信息资源存储技术、信息资源整合技术、微服务技术、知识图谱技术、可视化展示技术进行了系统介绍和详细说明。通过团队完成的一系列政务信息资源主题化应用服务成功案例将研究过程中凝练的科研成果和软件工具进行了论述。随着时代的进步和技术的发展,政务信息主题化应用服务需要不断前进开拓,继续深入研究和探索,例如在跨学科、跨领域的主题应用方面、主题化应用服务分析模型方面,在如何利用人工智能技术提高主题化应用服务构建效率方面。面对当前数字时代带来的挑战和机遇,政务信息资源主题化应用服务的发展主要呈现以下新的发展趋势。

(1) 主题化应用服务中的"主题"向跨学科、跨领域发展

如前文所述,主题化应用服务的指标体系、数据选取与"主题"的要求紧密相关。随着社会的发展和政府社会治理能力的提高,政府部门面对的问题已经发展为跨学科、跨领域的综合性问题,要求提供的服务也随之成为跨学科、跨领域的服务。因此主题化应用服务的指标体系构建从原来的单一学科向多学科方向发展,同样,数据的选取也不仅限于原来的单一领域,而需要选取涵盖该指标体系的各领域资源。

(2) 主题化应用服务的数据分析模型要求更加精准化、科学化

政务信息资源主题化应用服务中重点要通过数据分析模型将原本相关性低、资源分散的数据通过信息资源整合汇聚后,利用数据分析模型的深入解析,更好、更快地发现数据背后隐含的变化趋势、代表的含义。随着主题化应用服务的不断深入,对数据分析模型分析结果的精准化、科学化要求越来越高。

(3) 主题化应用服务的服务模式要求更加多样化、智能化

将传统的主题化应用服务的"被动"服务模式变为"主动"服务模式。传统的主题化应用服务的服务模式是根据用户需求快速构建主题化应用服务以满足用户实际工作的需要,也就是所谓的"被动式"服务。随着大数据、人工智能技术的发展,业界对用户行为模式、信息资源关注喜好等研究的深入,主题化应用服务的模式将向着主动化、智能化方向蓬勃发展。

（4）主题化应用服务开发构建向着智能化、自适应方向发展

政务信息资源主题化应用服务的指标构建、数据选取目前都由人工完成，然后通过软件工具实现主题化应用服务。随着人工智能、机器学习等新技术的发展，利用这些新技术可以逐步探索在已有信息资源基础上，由机器全部完成或半机器半人工完成指标体系的构建和数据的选取，这样可以极大地提高政务信息资源主题化应用服务的构建效率，从而更好地保证主题化应用服务的现势性。

（5）新技术发展促进主题化应用服务向更广更深的维度延展

在云计算、大数据、人工智能等新技术兴起的时代浪潮中，政务信息化面临着新的机遇。抓住这些机遇，可以推动政府数据资源开发利用技术的新发展，从而使政务信息资源主题化应用服务迈向新阶段。在政务信息资源主题化应用服务中不断跟踪运用新技术，可以更加高效、深入地挖掘政务资源的新知识、创造数据的新价值、展现政务数据的新活力，推动政务信息资源主题化应用服务向更广的领域、更深层次的数据挖掘等多维度发展。

面向决策的政务信息资源主题化应用服务是政务治理精细化、科学化的有效支撑，是数字政府建设的必然产物。充分挖掘政务信息资源价值，实现政务信息资源主题化应用服务的高效、智能，是一项需要长期建设并不断改进和优化的系统工程，需要多部门协同、多学科交叉、多层次开发才能实现。长期以来，笔者团队持续开展政务信息资源的数据治理、整合利用、主题化应用服务、智能化辅助决策等方面的理论和技术研究，形成了集理论体系—关键技术—软件工具—基础平台—应用场景于一体的政府决策支持服务模式，也取得了一定的研究成果。这些研究成果在为各级政府提供的主题化应用服务中得到了具体的实践。未来，我们将对政务信息资源主题化应用服务中的新理论、新技术、新模式和新应用进行持续研究探索，与业内专家学者共同推进政务信息资源建设、治理和高效利用。

参 考 文 献

[1] SHANNON C E. A Mathematical Theory of Communication[J]. Bell Systems Technical Journal,1948,27(4):623-656.

[2] 李文明,吕福玉. 信息的本体论意义与传播学价值[J]. 山西大学学报(哲学社会科学版),2017,40(1):48-58.

[3] 王新才,等. 政府信息资源管理[M]. 北京:科学出版社,2011.

[4] 周庆山,谢丽娜. 政府信息公开的分类管理与完善策略初探[J]. 图书情报研究,2013,6(4):1-5.

[5] 郑新. 政府信息资源管理中的问题分析及对策研究[J]. 知识经济,2012,(21):68-68.

[6] 赵珊珊. 高校图书馆为政府提供决策信息服务研究——以上海对外经贸大学图书馆为例[J]. 图书馆,2022,(2):37-43.

[7] 黎雪微,应时,洪伟. 基于本体和信息量融合的个性化推荐方法研究[J]. 情报科学,2019,37(9):90-95.

[8] 周毅. 集成式的政府信息在线服务及其实现[J]. 图书情报工作,2011,55(15):114-118.

[9] 罗贤春,赵兴,李伶思. 政务信息资源价值实现研究领域与主题进展[J]. 图书馆理论与实践,2016,(11):34-40.

[10] 国务院关于加强数字政府建设的指导意见[J]. 中华人民共和国国

务院公报，2022(19)：12-20.

[11] 徐晓明. 构建和完善政府决策支持系统的价值内涵[N]. 光明日报，2019-10-28(16).

[12] 夏秋萍. 关于推进高校图书馆决策信息支持服务的思考[J]. 图书情报导刊，2008，18(27)：15-16.

[13] 刘娅，王艳. 科学图书馆开展决策支持信息服务探讨[J]. 情报理论与实践，2006，(6)：712-714，741.

[14] 张姝末，朱波. 面向智库决策支持的图书馆信息服务保障机制研究[J]. 图书馆学刊，2019，41(10)：1-4，10.

[15] 夏立新，翟姗姗，李冠楠. 面向用户需求的个性化政务信息服务模式[J]. 图书情报工作，2010，54(8)：21-24，9.

[16] 曲翠玉. 论政府信息资源管理的任务和方法[J]. 中国管理信息化，2014，17(13)：112-113.

[17] 黄萃. 基于门户网站的电子政务信息资源整合机制研究[D]. 武汉：武汉大学，2005.

[18] 国务院办公厅关于印发全国一体化政务大数据体系建设指南的通知[J]. 中华人民共和国国务院公报，2022(31)：19-31.

[19] 吴新年，陈永平. 决策支持系统发展现状与趋势分析[J]. 情报资料工作，2007(1)：57-60.

[20] HUBBARD D W. HOW TO MEASURE ANYTHING：Finding the Value of "Intangibles" in Business[M]. New Jersey：Wiley，2010.

[21] WU X D, HE J, LU R Q, et al. From Big Data to Big Knowledge：HACE＋BigKE[J]. Acta Automatica Sinica, 2016，42(7)：965-982.

[22] 亓常松. 决策支持系统中模型管理相关问题研究[D]. 长春：吉林大学，2008.

[23] 黄明，唐焕文. 决策支持系统中模型表示法的研究进展[J]. 管理工程学报，1999(2)：59-62，5.

[24] 唐亚伟. 决策支持系统中模型相关问题的研究[D]. 杭州：浙江大学，2003.

[25] 陈文伟. 决策支持系统及其开发[M]. 4版. 北京：清华大学出版社，2014.

[26] 刘超. 数据仓库与数据挖掘技术在决策支持系统中的应用[J]. 天津职业院校联合学报，2019，21(2)：102-108.

[27] 吴建，郑潮，汪杰. UML基础与Rose建模案例[M]. 3版. 北京：人民邮电出版社，2012.

[28] SADEGHI S, AMIRI M, MOOSELOO F M. "Artificial Intelligence and Its Application in Optimization under Uncertainty", in Data Mining-Concepts and Applications[M]. London：IntechOpen，2021.

[29] 谢生龙，崔祥，刘潇，等. 一种地方财政综合分析与群体智能决策支持系统架构模型[J]. 计算机与数字工程，2023，51(1)：1-7，124.

[30] TSENG S F. Diverse reasoning in automated model formulation[J]. Decision Support Systems，1997，20(4)：357-383.

[31] 于学伟. 决策支持系统模型开发方法研究[D]. 大连：大连交通大学，2010.

[32] 胡东波. 模型驱动的决策支持系统研究[D]. 长沙：中南大学，2009.

[33] BONCZEK R H, HOLSAPPLE C W, WHINSTON A B. Foundations of Decision Support Systems[M]. New York：Academic Press，1981.

[34] 刘懿. 松耦合模型驱动的流域水资源管理决策支持系统研究及应用[D]. 武汉：华中科技大学，2013.

[35] CUNNINGHAM P, BONZANO A. Knowledge engineering issues

in developing a case-based reasoning application[J]. Knowledge-Based Systems,1999,12(7):371-379.

[36] 郭召松. 火电厂应急救援决策支持系统研究[D]. 武汉：中国地质大学,2010.

[37] 张伟. 智能决策支持系统(IDSS)研究综述[J]. 现代商贸工业,2009,21(14):252-253.

[38] 周敏,占铭,郭媛. 基于知识驱动的大型设备智能预测决策模型研究[J]. 机械科学与技术,2009,28(4):431-435.

[39] 顾红艳. 从DSS的发展重新认识决策支持系统[J]. 沈阳工程学院学报(社会科学版),2006(3):330-332.

[40] EFENDIGIL T, ÖNÜT S, KAHRAMAN C. A decision support system for demand forecasting with artificial neural networks and neuro-fuzzy models: A comparative analysis[J]. Expert Systems with Applications,2009,36(3):6697-6707.

[41] HILL T R, REMUS W C. Neural network models for intelligent support of managerial decision making[J]. Decision Support Systems,1994,11(5):449-459.

[42] 高洪深. 决策支持系统(DSS)——理论·方法·案例[M]. 2版. 北京：清华大学出版社,2000.

[43] 陈可华. 数据仓库在政府决策支持系统中的运用[J]. 宁德师专学报(自然科学版),2009(3):261-263.

[44] 陈文伟,黄金才,陈元. 决策支持系统新结构体系[J]. 管理科学学报,1998,(3):56-60.

[45] 高青. 决策支持系统在现代制造领域的发展新阶段[J]. 山西科技,2008,(4):34-35,38.

[46] 李广乾,杨良敏. 建政府门户网站 突破电子政务困境[N]. 中国经

济时报,2003-07-25(A01).

[47] 李新华,王勇,燕佳静,等.面向宏观经济分析的多源多维政务共享数据分析系统[J].计算机与现代化,2020(9):25-31,36.

[48] 吴颖,魏硕烁,白晶,等.自然资源统计分析与辅助决策系统设计与实现[J].自然资源信息化,2023(3):22-27.

[49] 陶文伟,吴金宇,江泽铭,等.基于数据挖掘的智能电网故障处置辅助决策系统[J].测试技术学报,2023,37(2):127-134.

[50] 李磊,黄垒,王小丹,等.海岸带陆海统筹"双评价"辅助决策信息系统设计与实现[J].中国矿业,2023,32(2):83-89.

[51] 王晴.数据中心存储技术研究综述[J].信息与电脑,2019(4):190-191.

[52] 樊建平,孙婧,李红辉,等.政务大数据管理技术研究进展[J].集成技术,2023,12(3):1-18.

[53] 吴文莉,刘国华.关系数据模型中函数查询的结构特征[J].智能计算机与应用,2020,10(1):22-27.

[54] 吴明礼,张宏安.数据存储技术综述[J].北方工业大学学报,2015,27(1):30-35,55.

[55] 李志新.国内政府数据开放研究综述:2013-2016[J].情报杂志,2017,36(7):156-161,187.

[56] 马巧花,何晓萍.信息资源整合技术研究[J].图书情报导刊,2010,20(30):113-115.

[57] 黄映思.数字人文驱动下历史人物年谱知识图谱构建研究[D].太原:山西财经大学,2023.

[58] 李岩.基于知识图谱的问答系统在政务数据领域的应用研究[D].贵阳:贵州大学,2022.

[59] 邢春玉,张莉,冯卿松.基于可视化技术的审计信息挖掘及分析研

究[J].财会通讯,2023(13):17-23.

[60] 万接喜,董卫东,吴鹏.面向政府决策的政务信息资源组织[J].电子政务,2009(Z1):57-65.

[61] 沈悦,刘洪玉.房地产价格与宏观经济指标关系的研究[J].价格理论与实践,2002(8):20-22.

[62] 杜子芳,马文博.经济综合监测预警方法评述与建议[J].中国物价,2022(9):3-6.

[63] 胡久凯,郑慧娟.中国宏观经济景气的高维、混频监测研究[J].统计与管理,2022,37(12):72-77.

[64] 黄博函,冯剑锋.社会保护视角下的我国民生保障评价指标体系研究——基于亚洲开发银行社会保护指数(SPI)的分析[J].社会政策研究,2022(2):85-96.

[65] 毛传新,严复新.江苏省民生保障指标体系和实现时序研究[J].合作经济与科技,2016(20):169-171.